全国交通运输职业教育教学指导委员会规划教材
教育部中等职业教育汽车专业技能课教材

# 汽车检测设备的使用与维护

全国交通运输职业教育教学指导委员会　　组织编写
中国汽车维修行业协会
刘宣传　梁　钢　主　编
万广强　谢永光　副主编

人民交通出版社股份有限公司
China Communications Press Co.,Ltd.

## 内 容 提 要

本书是全国交通运输职业教育教学指导委员会规划教材,主要内容包括:认识汽车检测站、汽车动力性能检测设备的使用与维护、汽车燃油经济性能检测设备的使用与维护、汽车安全性能检测设备的使用与维护、汽车环保性能检测设备的使用与维护。

本书适用于中等职业学校汽车运用与维修专业的教学,也可供其他相关专业教师、学生学习参考。

### 图书在版编目(CIP)数据

汽车检测设备的使用与维护 / 刘宣传,梁钢主编.
—北京:人民交通出版社股份有限公司,2017.3(2025.8重印)
全国交通运输职业教育教学指导委员会规划教材. 教育部中等职业教育汽车专业技能课教材
ISBN 978-7-114-12565-2

Ⅰ.①汽⋯  Ⅱ.①刘⋯ ②梁⋯  Ⅲ.①汽车—检测—车辆维修设备—中等专业学校—教材  Ⅳ.①U472.9

中国版本图书馆CIP数据核字(2015)第255393号

| | |
|---|---|
| 书　　　名: | 汽车检测设备的使用与维护 |
| 著 作 者: | 刘宣传　梁 钢 |
| 责任编辑: | 戴慧莉 |
| 责任印制: | 张　凯 |
| 出版发行: | 人民交通出版社股份有限公司 |
| 地　　　址: | (100011)北京市朝阳区安定门外外馆斜街3号 |
| 网　　　址: | http://www.ccpcl.com.cn |
| 销售电话: | (010)85285911 |
| 总 经 销: | 人民交通出版社股份有限公司发行部 |
| 经　　　销: | 各地新华书店 |
| 印　　　刷: | 北京印匠彩色印刷有限公司 |
| 开　　　本: | 787×1092　1/16 |
| 印　　　张: | 11.5 |
| 字　　　数: | 256千 |
| 版　　　次: | 2017年3月　第1版 |
| 印　　　次: | 2025年8月　第5次印刷 |
| 书　　　号: | ISBN 978-7-114-12565-2 |
| 定　　　价: | 27.00元 |

(有印刷、装订质量问题的图书由本公司负责调换)

# 编审委员会

主　　任：王怡民(浙江交通职业技术学院)
副 主 任：刘建平(广州市交通运输职业学校)　　　杨经元(云南交通技师学院)
　　　　　赵　琳(北京交通运输职业学院)　　　　张京伟(中国汽车维修行业协会)
　　　　　陈文华(浙江交通职业技术学院)　　　　王凯明(中国汽车维修行业协会)
特邀专家：朱　军(中国汽车维修行业协会)　　　　魏俊强(北京祥龙博瑞汽车服务有限公司)
　　　　　张小鹏(庞贝捷漆油(上海)有限公司)　　刘　亮(麦特汽车服务股份有限公司)
委　　员：(按姓氏笔画排序)
　　　　　毛叔平(上海市南湖职业学校)　　　　　王　健(贵阳市交通技工学校)
　　　　　王彦峰(北京交通运输职业学院)　　　　王　强(贵州交通职业技术学院)
　　　　　占百春(苏州建设交通高等职业技术学校)　刘新江(四川交通运输职业学校)
　　　　　刘宣传(广州市公用事业技师学院)　　　齐忠志(广州市交通运输职业学校)
　　　　　吕　琪(成都工业职业技术学院)　　　　李　青(四川交通运输职业学校)
　　　　　李雪婷(成都汽车职业技术学校)　　　　李春生(广西交通技师学院)
　　　　　李文慧(新疆交通职业技术学院)　　　　李　晶(武汉市东西湖职业技术学校)
　　　　　陈　虹(浙江交通技师学院)　　　　　　陈文均(贵州交通技师学院)
　　　　　陈社会(无锡汽车工程中等专业学校)　　张　炜(青岛交通职业学校)
　　　　　杨永先(广东省交通运输高级技工学校)　杨承明(杭州技师学院)
　　　　　杨建良(苏州建设交通高等职业技术学校)　杨二杰(四川交通运输职业学校)
　　　　　陆松波(慈溪市锦堂高级职业中学)　　　何向东(广东省清远市职业技术学校)
　　　　　邵伟军(杭州技师学院)　　　　　　　　周志伟(深圳市宝安职业技术学校)
　　　　　林育彬(宁波市鄞州职业高级中学)　　　易建红(武汉市交通学校)
　　　　　林治平(厦门工商旅游学校)　　　　　　胡建富(浙江交通技师学院)
　　　　　赵俊山(济南第九职业中等专业学校)　　赵　颖(北京交通运输职业学院)
　　　　　荆叶平(上海市交通学校)　　　　　　　郭碧宝(广州市交通技师学院)
　　　　　姚秀驰(贵阳市交通技工学校)　　　　　崔　丽(北京市丰台区职业教育中心学校)
　　　　　曾　丹(佛山市顺德区中等专业学校)　　蒋红梅(重庆市立信职业教育中心)
　　　　　喻　媛(柳州市交通学校)
秘 书 组：李　斌　翁志新　戴慧莉　刘　洋(人民交通出版社股份有限公司)

# 前言 Preface

为深入贯彻落实全国职业教育工作会议精神和《国务院关于加快发展现代职业教育的决定》，促进职业教育专业教学科学化、标准化、规范化，教育部组织制定了《中等职业学校专业教学标准（试行）》。全国交通运输职业教育教学指导委员会具体承担了汽车运用与维修（专业代码082500）、汽车车身修复（专业代码082600）、汽车美容与装潢（专业代码082700）、汽车整车与配件营销（专业代码082800）4个汽车类专业教学标准的制定工作。

根据教育部《关于中等职业教育专业技能课教材选题立项的函》（教职成司函[2012]95号）文件精神，人民交通出版社申报的上述4个汽车类专业技能课教材选题成功立项。

2014年10月，人民交通出版社联合全国交通运输职业教育教学指导委员会、中国汽车维修行业协会在北京召开了"教育部中等职业教育汽车专业技能课教材编写会"，并成立了由全国交通运输职业教育教学指导委员会领导、中国汽车维修行业协会领导，知名汽车维修专家及院校教师组成的教材编审委员会。会上，确定了4个汽车类专业34本教材的编写团队及编写大纲，正式启动了教材编写。

教材的组织编写，是以教育部组织制定的4个汽车类专业教学标准为基本依据进行的。教材从编写到成稿形成以下特色：

1."五位一体"的编审团队。从组织编写之初，就本着"高起点、高标准、高要求"的原则，成立了由国内一流的院校、一流的教师、一流的专家、一流的企业、一流的出版社组成的五位一体的编审团队。

2.精品化的内容。编审团队认真总结了中职院校的优秀教学成果，结合了企业的职业岗位需求，吸收了发达国家的先进职教理念。教材文字精练、插图丰富，尤其是实操性的内容，配了大量实景照片。

3.理实一体的编写模式。教材理论内容浅显易懂，实操内容贴合生产一线，将知识传授、技能训练融为一体，体现"做中学、学中做"的职教思想。

4.覆盖全国的广泛适用性。本套教材充分考虑了全国各地院校的分布和实际情况,涉及的车型和设备具有代表性和普适性,能满足全国绝大多数中职院校的实际需求。

5.完善的配套。本套教材包含"思考与练习"、"技能考核标准",并配有电子课件和微视频,以达到巩固知识、强化技能、易教易学的目的。

《汽车检测设备的使用与维护》是本套教材中的一本。与传统同类教材相比,本书选用各个汽车维修或检测企业常用的检测设备作为编写对象,采用汽车维修与检测行业常见故障作为教学任务,按照"理论知识准备""任务实施""学习拓展""评价与反馈""技能考核标准"五个环节讲述,培养学生专业知识技能和职业素养。

本书的编写分工为:广州市公用事业技师学院的万广强编写了学习任务1、2、4、5,广州市公用事业技师学院的梁钢编写了学习任务3、12、13、14,广州市公用事业技师学院的刘宣传编写了学习任务7~10,广州市公用事业技师学院的谢永光编写了学习任务6,广东省清远市职业技术学校的何向东编写了学习任务11,广州市公用事业技师学院的林广斌负责整个教材设备准备及资料收集。全书由广州市公用事业技师学院的刘宣传、梁钢担任主编,由广州市公用事业技师学院的万广强、谢永光担任副主编。

限于编者水平,又是完全按照新的教学标准编写,书中难免有不当之处,敬请广大院校师生提出意见建议,以便再版时完善。

编审委员会
2016 年 3 月

# 目 录
## Contents

项目一　认识汽车检测站　1
　　学习任务 1　汽车检测站认知　1
项目二　汽车动力性能检测设备的使用与维护　19
　　学习任务 2　汽车底盘测功机的使用与维护　19
　　学习任务 3　发动机综合性能检测仪的使用与维护　29
项目三　汽车燃油经济性能检测设备的使用与维护　46
　　学习任务 4　汽车燃油消耗仪的使用与维护　46
项目四　汽车安全性能检测设备的使用与维护　57
　　学习任务 5　车轮定位仪的使用与维护　57
　　学习任务 6　汽车侧滑检验台的使用与维护　69
　　学习任务 7　汽车悬架检测台的使用与维护　78
　　学习任务 8　汽车制动试验台的使用与维护　88
　　学习任务 9　汽车车速表检验台的使用与维护　102
　　学习任务 10　汽车前照灯检测仪的使用与维护　111
　　学习任务 11　汽车转向盘转向力-转向角检测仪的使用与维护　126
项目五　汽车环保性能检测设备的使用与维护　135
　　学习任务 12　烟度计的使用与维护　135
　　学习任务 13　废气分析仪的使用与维护　151
　　学习任务 14　声级计的使用与维护　165
参考文献　176

# 项目一　认识汽车检测站

## 学习任务1　汽车检测站认知

 **学习目标**

★ 知识目标

1. 了解国内外汽车检测技术的发展；
2. 了解我国汽车性能检测技术的概况及发展方向；
3. 了解我国汽车检测的分类；
4. 熟悉汽车性能检测站的类型、工位设置及工艺布局。

★ 技能目标

掌握汽车综合性能检测站的运作流程。

 **建议课时**

4课时。

 **任务描述**

某汽车修理厂刚刚完成一辆汽车的大修作业。现委托检测站对该汽车性能进行检测，以供检查其性能是否恢复至相应大修后标准。现该车已停放在你所负责的检测工位，请你利用汽车检测线对其性能进行检测，并记录好相应检测数据。

## 一　理论知识准备

汽车检测站是综合运用现代检测技术，对汽车实施不解体检测的机构。它具有现代检测设备和检测方法,能在室内检测出车辆的各种参数并诊断出可能出现的故障,为全面、准确评价汽车的使用性能和技术状况提供可靠的依据。汽车检测站不仅是对汽车技术状况进行检测和监督的机构,而且已成为汽车制造企业、汽车运输企业、汽车维修企业中的重要组成部分。汽车检测站如图1-1所示。

图1-1 汽车检测站

**1 检测站的任务**

按我国《汽车运输业车辆综合性能检测站管理办法》(交通部令1991年第29号)的规定,汽车检测站的主要任务如下:

(1)对在用运输车辆的技术状况进行检测诊断;

(2)对汽车维修行业的维修车辆进行质量检测;

(3)接受委托,对车辆改装、改造、报废及其有关新工艺、新技术、新产品、科研成果等项目进行检测,提供检测结果;

(4)接受公安、环保、商检、计量和保险等部门的委托,为其进行有关项目的检测,提供检测结果。

**2 检测站的类型**

按不同的分类方法,汽车检测站可分为不同的类型。

1)按服务功能分类

按服务功能分类,汽车检测站可分为安全检测站、维修检测站和综合检测站三种。

(1)安全检测站。安全检测站是国家的执法机构,不是营利型企业。它按照国家规定的车检法规,定期检测车辆中与安全和环保有关的项目,以保证汽车安全行驶,并将污染降低到允许的限度。这种检测站对检测结果往往只显示"合格""不合格"两种,而不作具体数据显示和故障分析,因而检测速度快,生产效率高。检测合格的车辆凭检测结果报告单办理年审签证,在有效期内准予车辆行驶。安全检测站一般由车辆管理机关直接建立,或由车辆管理机关认可的汽车运输企业、汽车维修企业等单位建立,也可多方联合建立。

(2)维修检测站。维修检测站主要是从车辆使用和维修的角度,担负车辆维修前、后的技术状况检测。它能检测车辆的主要使用性能,并能进行故障分析与诊断。它一般由汽车运输企业或汽车维修企业建立。

(3)综合检测站。综合检测站既能担负车辆管理部门的安全环保检测,又能担负车辆使用、维修企业的技术状况诊断,还能承接科研或教学方面的性能试验和参数测试。这种检测站检测设备多,自动化程度高,数据处理迅速准确,功能齐全,检测项目广。

2)按规模大小分类

按规模大小分类,汽车检测站可分为大型检测站、中型检测站、小型检测站三种类型。

(1)大型检测站。大型检测站检测线多,自动化程度高,年检能力大,且能检测多种车型。

(2)中型检测站。中型检测站有两条以上检测线的检测站。

(3)小型检测站。小型检测站主要指那些服务对象单一的检测站,如规模不大的安全检测站和维修检测站。

3)按自动化程度分类

按检测线的自动化程度分类,汽车检测站可分为手动检测站、半自动检测站和全自动检测站三种类型。

(1)手动检测站。手动检测站由人工手动控制检测过程,从各单机配备的指示装置上读数,笔录检测结果或由单机配备的打印机打印检测结果,因而工作人员多,检测效率低,读数误差大,多适用于维修检测站。

(2)半自动检测站。半自动检测站的自动化程度或范围介于手动和全自动检测站之间,一般是在原手动检测站的基础上将部分检测设备(如侧滑试验台、制动试验台、车速表试验台等)与微机联网以实现自动控制,而另一部分检测设备(如烟度计、废气分析仪、前照灯检测仪、声级计等)仍然手动操作。当微机联网的检测设备因故不能进行自动控制时,各检测设备仍可手动使用。

(3)全自动检测站。全自动检测站利用微机控制系统,除车辆的外观检查工位仍需人工外,其余所有工位上的检测过程均能自动控制,实现设备的启动与运转、数据采集、分析判断、存储、显示和集中打印报表等全过程自动化。由于全自动检测站自动化程度高,检测效率高,能避免人为的判断错误,因而获得广泛应用,目前国内外的安全检测站多为这种类型。

4)综合检测站按职能分类

综合检测站按职能分类,可分为 A 级站、B 级站和 C 级站三种类型。

(1)A 级站能全面承担检测站的任务,即能检测车辆的制动、侧滑、灯光、转向、前轮定位、车速、车轮动平衡、底盘输出功率、燃料消耗、发动机功率和点火系状况以及异响、磨损、变形、裂纹、噪声、废气排放等状况。

(2)B 级站能承担在用车辆技术状况和车辆维修质量的检测,即能检测车辆的制动、侧滑、灯光、转向、车轮动平衡、燃料消耗、发动机功率和点火系状况以及异响、变形、噪声、废气排放等状况。

(3)C 级站能承担在用车辆技术状况的检测,即能检测车辆的制动、侧滑、灯光、转向、车轮动平衡、燃料消耗、发动机功率以及异响、噪声、废气排放等状况。

**3 各类汽车检测站的组成**

汽车检测站主要由一条至数条检测线组成。对于独立而完整的检测站,除检测线外,还应包括停车场、清洗站、泵气站、维修车间、办公区和生活区等。

(1)安全检测站一般由一条至数条安全环保检测线组成。有两条以上安全环保检测线时,一般一条为大、小型汽车通用自动检测线,另一条为小型汽车的专用自动检测线,有的还配备一条新规检测线(对新车登录、检测之用)和一条柴油车排烟检测线。

(2)维修检测站一般由一条至数条综合检测线组成。

(3)综合检测站一般由安全环保检测线和综合检测线组成,可以各为一条,也可以各为数条。国内交通系统建成的检测站大多属于综合检测站。

**④ 汽车检测线的工位布置**

不管是安全环保检测线,还是综合检测线,它们都由多个检测工位组成,布置形式多为直线通道式,即检测工位按一定顺序分布在直线通道上,有利于流水作业。

1)安全环保检测线

手动和半自动的安全环保检测线,一般由外观检查(人工检查)工位、侧滑制动车速表工位、灯光尾气工位三个工位组成。全自动安全环保检测线可以由三工位、四工位或五工位组成。五工位一般是汽车资料输入及安全装置检查工位、侧滑制动车速表工位、灯光尾气工位、车底检查工位、综合判定及主控制室工位。图1-2所示为国产五工位全自动安全环保检测线。

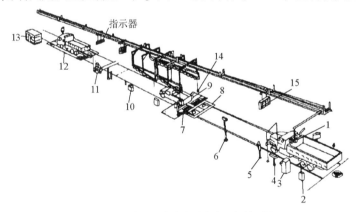

图1-2 国产五工位全自动安全环保检测线

1-进线指示灯;2-烟度计;3-汽车资料登录计算机;4-安全装置检查不合格项目输入键盘;5-烟度计检验程序指示器;6-电视摄像机;7-制动试验台;8-侧滑检验台;9-车速表检验台;10-废气分析仪;11-前照灯检测仪;12-车底检查工位;13-主控制室;14-车速表检测申报开关;15-检验程序指示器

2)综合检测线

A级站在国内一般设置两条检测线,一条为安全环保检测线,主要承担车管部门对车辆进行年审的任务;另一条为综合检测线,主要承担对车辆技术状况的检测诊断。其综合检测线一般有两种类型:一种是全能综合检测线,设有包括安全环保检测线主要检测设备在内的比较齐全的检测工位,这种检测线的检测设备多,检测项目齐全,与安全环保检测线互不干扰,因而检测效率相对较高,但建站费用也高。另一种是一般综合检测线,设置的工位不包括安全环保检测线的主要检测设备,主要由底盘测功工位等组成,能承担除安全环保检测项目以外项目的检测诊断,必要时车辆须开到安全环保检测线上才能完成相关项目的检测,国内已建成的综合检测站有相当多是属于这种类型,与全能综合检测线相比,一般综合检测线设备少,建站费用低,但检测效率也低。

图 1-3 所示的综合检测线,是一种接近全能的综合检测线。它由发动机测试及车轮平衡工位、底盘测功工位、车轮定位及车底检查工位组成,除制动性能不能检测外,安全环保检测线上的其他检测项目均能在该线上检测。

B 级站和 C 级站的综合检测线不包括底盘测功工位。

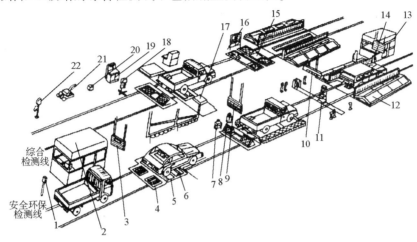

图 1-3 双线综合检测站

1-进线指示灯;2-进线控制室;3-L 工位检验程序指示器;4、15-侧滑检验台;5-制动试验台;6-车速表检验台;7-烟度计;8-排气分析仪;9-ABS 工位检验程序指示器;10-HX 工位检验程序指示器;11-前照灯检测仪;12-地沟系统;13-主控制室;14-P 工位检验程序指示器;16-前轮定位检测仪;17-底盘测功工位;18、19-发动机综合测试仪;20-机油清净性分析仪;21-就车式车轮平衡仪;22-轮胎自动充气机

**5** **汽车检测线的设备与检测项目**

1)安全环保检测线

以图 1-2 所示五工位全自动安全环保检测线为例,表 1-1 为主要检测项目、设备及其用途。在表列设备中,侧滑检验台、轴重计或轮重仪、制动试验台、车速表试验台、前照灯检测仪、排气分析仪、烟度计、声级计和检测手锤为检测设备。

全自动安全环保检测线检测项目、主要设备及其用途　　　　表 1-1

| 检测工位 | 主要检测项目 | 设备名称 | 设备用途 |
|---|---|---|---|
| 汽车资料输入及安全装置检查工位(L 工位) | 汽车上部的灯光和安全装置等项目的外观检查 | 进线指示灯 | 控制进线车辆,绿灯进,红灯停 |
| | | 汽车资料登录计算机 | 登录汽车资料,并发送给主控制计算机 |
| | | 工位测控计算机 | 担负工位检测过程监控,数据采集处理等工作 |
| | | 检验程序指示器 | 指示工位检测程序,下达操作指令,显示检测结果,引导车辆前进 |
| | | 轮胎自动充气机 | 按设定的轮胎气压自动充气 |
| | | 轮胎花纹测量器 | 测量轮胎花纹深度 |
| | | 检测手锤 | 检查各连接件、车架等是否松动或开裂 |
| | | 不合格项目输入键盘 | 将车上、车下外观检查中的不合格项目报告主控计算机 |
| | | 监察电视及摄像机 | 供主控制室监察地沟及整个检测线的工作情况 |

续上表

| 检测工位 | 主要检测项目 | 设备名称 | 设备用途 |
|---|---|---|---|
| 侧滑制动车速表工位(ABS工位) | 侧滑检测 轴重检测 制动检测 车速表检测 | 侧滑检验台 | 检测转向轮侧滑量 |
| | | 轴重计或轮重仪 | 检测各轴轴重 |
| | | 制动试验台 | 检测各轮拖滞力、制动力和驻车制动力 |
| | | 车速表检验台 | 检测车速表指示误差 |
| | | 车速表检测申报开关或遥控器 | 当试验车速达40km/h时按下此开关或遥控器,计算机采集此时的实际车速数据 |
| | | 光电开关 | 当车轮遮挡光电开关时,光电开关产生的信号输入计算机,报告车辆到位,计算机安排检测开始 |
| | | 后视镜 | 供驾驶员观察车轮到达试验台或停车线的位置 |
| 灯光尾气工位(HX工位) | 前照灯检测 排气检测 喇叭声级检测 | 前照灯检测仪 | 检测前照灯发光强度和光轴偏斜量 |
| | | 排气分析仪 | 检测汽油车排气中的CO和HC浓度 |
| | | 烟度计 | 检测柴油车排气中的自由加速烟度 |
| | | 声级计 | 检测喇叭声级 |
| | | 停车位置指示器 | 指引汽车在灯光尾气工位停车线上准确停车 |
| 车底检查工位(P工位) | 车辆底部外观检查 | 地沟内举升平台 | 使地沟内的检测人员在高度上处于较有利的工作位置 |
| | | 对讲话筒及扬声器 | 用于地沟上下的通话联系 |
| | | 地沟内报警灯或报警器 | 报告车辆到达车底检查工位 |
| 综合判定及主控制室工位 | 对各工位检测结果进行综合判定后,打印检测结果报告单 | 主控制计算机 | 安排检测程序,对照检测标准,综合判定并存储、打印检测结果 |
| | | 打印机 | 打印检测结果报告单 |
| | | 控制台 | 主控制计算机、键盘、显示器、打印机、监察电视等均安放在控制台上,是全线的控制中心 |
| | | 主控制键盘 | 当计算机系统出现故障不能使用时,可通过主控制键盘对各工位实施控制,以不间断检测工作 |
| | | 稳压电源和不间断电源 | 稳定电压,不间断供电 |

2）综合检测线

以外观检查及车轮定位工位、制动工位和底盘测功工位组成的三工位全能综合检测线为例,表1-2为主要设备及用途(与表1-1所列相同的设备未列出)。

全能综合检测线主要设备及其用途　　　　　表1-2

| 序号 | 设备名称 | 设备用途 |
|---|---|---|
| 1 | 地沟上举升器 | 举起车辆,使车轮离地 |
| 2 | 就车式车轮平衡机 | 就车检测车轮不平衡量,并通过配重使车轮平衡 |
| 3 | 声发射探伤仪 | 在不解体情况下探测零件的裂纹和损伤 |
| 4 | 四轮定位仪或车轮定位检测仪 | 检测车轮前束值、车轮外倾角和主销后倾角、主销内倾角及前轮最大转向角度值 |

续上表

| 序号 | 设备名称 | 设备用途 |
|---|---|---|
| 5 | 转向盘自由转动量检测仪 | 检测转向盘自由转动量 |
| 6 | 转向盘转向力检测仪 | 检测转向盘转向力 |
| 7 | 传动系游动角度检测仪 | 检测传动系自由转动量 |
| 8 | 底盘间隙检测仪 | 检测轮毂轴承、转向节主销、纵横拉杆和钢板弹簧销等处的间隙 |
| 9 | 底盘测功试验台 | 检测驱动车轮的输出功率或驱动力,模拟道路行驶,做各种性能试验,进行动态检测诊断等 |
| 10 | 发动机综合参数测试仪 | 对发动机的功率、汽缸压力、点火正时、供油正时、点火系技术状况、供油系技术状况、电控系统和异响等进行检测、分析和判断 |
| 11 | 电控系统检测仪 | 包括读码器、解码器、扫描器、专用诊断仪、示波器、分析仪、信号模拟器和综合测试仪等,用于对汽车电控系统的检测和诊断 |
| 12 | 电器综合测试仪 | 检测电气设备的技术状况 |
| 13 | 汽缸压力测试仪或汽缸压力表 | 检测汽缸压缩压力 |
| 14 | 汽缸漏气量(率)测试仪 | 检测汽缸的漏气量或漏气率 |
| 15 | 真空表或真空测试仪 | 检测进气管负压值,用于评价汽缸密封性 |
| 16 | 油耗计 | 检测燃油消耗量 |
| 17 | 五气体分析仪 | 检测排气中的 $CO$、$HC$、$NO_x$、$CO_2$、$O_2$ |
| 18 | 机油清净性分析仪 | 分析机油的清净性程度 |
| 19 | 发动机无负荷测功仪 | 对发动机进行无负荷加速测功 |
| 20 | 发动机异响分析仪 | 诊断发动机异响 |
| 21 | 传动系异响分析仪 | 诊断传动系异响 |
| 22 | 温度计或温度仪 | 检测各总成温度及发动机排气温度 |

(1)外观检查及车轮定位工位。

①主要设备:轮胎自动充气机、轮胎花纹测量器、检测手锤、地沟内举升平台、地沟上举升器、就车式车轮平衡机、声发射探伤仪、侧滑试验台、四轮定位仪或车轮定位检测仪、转向盘自由转动量检测仪、转向盘转向力检测仪、传动系游动角度检测仪、底盘间隙检测仪等。

②检测项目:车上车底外观检查、就车检测调整车轮不平衡量、对转向节枢轴等安全机件进行探伤、检测前轮侧滑量和最大转向角、检测前轮和后轮定位参数、检测转向盘自由转动量和转向盘转向力、检测传动系游动角度、检测轮毂轴承等处的松旷量等。

(2)制动工位。

①主要设备:轴重计或轮重仪、制动试验台等。

②检测项目:检测各轴轴重、检测各轮制动拖滞力和制动力及按制动曲线分析制动过程、检测驻车制动力等。

(3)底盘测功工位。

①主要设备:底盘测功试验台、发动机综合参数测试仪、电控系统检测仪、电器综合测试仪、汽缸压力测试仪或汽缸压力表、汽缸漏气量(率)测试仪、真空表或真空测试仪、油耗计、五气体分析仪、烟度计、声级计、机油清净性分析仪、发动机无负荷测功仪、发动机异

响分析仪、传动系异响分析仪、温度计等。

②检测项目：本工位能模拟汽车道路行驶,因而可组织较多的检测设备同时或交叉对汽车发动机、底盘、电气设备和车身等进行动态综合检测诊断。配备的设备越多,能检测诊断的项目也越多。

**❻ 汽车检测站的工艺路线流程**

汽车进入检测站后,在检测线上只有按照规定的检测工艺路线和程序流动,才能完成整个检测过程。

1）检测站工艺路线流程

对于一个独立而完整的检测站,汽车进站后的工艺路线流程如图1-4所示。

2）检测线工艺路线流程

检测线的工位布置是固定的,进线检测的汽车按工位顺序流水作业。以三工位全能综合检测线为例介绍,其工艺路线流程如图1-5所示。

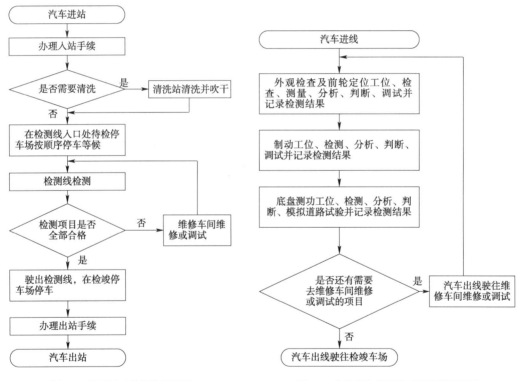

图1-4 检测站工艺路线流程图　　　图1-5 全能综合检测线工艺路线流程图

## 二 任务实施

**❶ 准备工作**

以目前国内大多数检测站所采用的检测线布置(图1-2)为例进行说明。检测方法所依据的标准是目前通用的《机动车运行安全技术条件》(GB 7258—2012)。应该指出,国内有些检测站采用了平板式制动试验台取代图中滚筒式制动试验台,或依据其他标准进行检测,其检测过程和方法都可能与此不同。

(1)确认工控机都已打开,并且连接正常。

(2)登录程序打开控制界面。

(3)填写车辆数据。

(4)检查无误发送数据。

**❷ 技术要求与注意事项**

(1)仪表使用时,周围的环境、温度、湿度、灰尘等应满足设备的使用要求,当工作环境较差时可采用通风、防尘等措施来弥补。

(2)系统和仪表的供电电源应控制在额定电压值的±5%范围内,并注意加强交流滤波。

(3)仪表的控制和信号输入线不宜过长,必须用长线连接时,应采用耦合、防静电过压及光电隔离等技术。

(4)电源不宜频繁开关。

(5)禁止用有机溶剂和湿布擦洗仪表内部元件板,可定期用毛刷、吸尘器等清除机箱内部灰尘。

(6)要经常检查传感器的工作状态,观察是否有位移、积尘或受潮现象并及时排除。

(7)定期对有相对运动的机械零件进行润滑,定期更换润滑油。

(8)保持场地和环境的清洁,场地内不应有积水、油渍和尘土。

**❸ 操作步骤**

(1)第一工位——安全装置检查工位。

受检车辆根据LED工位指示器提示,驶入第一工位进行汽车上部的灯光和安全装置的外观检查(Lamps and Safety Device Inspection),可简称为L位。检查内容见表1-3。

车上部外观检查项目　　　　　　　　表1-3

| 序号 | 检查项目 | 序号 | 检查项目 |
| --- | --- | --- | --- |
| 1 | 远光灯 | 16 | 离合器、变速器 |
| 2 | 近光灯 | 17 | 制动踏板自由行程 |
| 3 | 制动灯 | 18 | 转向器自由转动量 |
| 4 | 倒车灯 | 19 | 驻车制动操纵杆 |
| 5 | 牌照灯 | 20 | 油箱、油箱盖 |
| 6 | 示廓灯、辅助灯、标志灯 | 21 | 挡泥板 |
| 7 | 室内灯 | 22 | 防护网及连接装置 |
| 8 | 车厢、座位 | 23 | 电气导线 |
| 9 | 车门、车窗 | 24 | 起动机 |
| 10 | 车身、漆面 | 25 | 发电机、蓄电池 |
| 11 | 后视镜、下视镜、侧视镜 | 26 | 灭火器 |
| 12 | 风窗玻璃 | 27 | 仪表、仪表灯 |
| 13 | 刮水器 | 28 | 机油压力报警器 |
| 14 | 喇叭 | 29 | 半轴螺栓 |
| 15 | 轮胎、轮胎螺栓 | 30 | 座椅安全带 |

(2)第二工位——侧滑制动车速表工位。

第一工位检查完毕后,根据 LED 工位指示器提示,受检车辆驶入第二工位进行侧滑制动车速表检测。本工位由侧滑检测(Alignment Inspection)、轴重检测(Weight Inspection)、制动检测(Brake Test)和车速表检测(Speedmeter Test)组成,简称 ABS 工位。

受检车进入第二工位后,若是一般后驱动,后驻车制动(手制动作用在后轮)的车,按以下程序进行:

①侧滑检测。让汽车低速驶过侧滑检验台,此时不可转动转向盘。通过后,第二指示器即可显示侧滑检测结果。

②将前轮驶上轴重仪测量前轴重,将前轮驶上制动试验台测量前轴制动力。按工位指示器的提示,将制动踏板踩到底,即可测得前轴制动效果。此时指示器会显示出检测结果,若结果不合格,允许重测一次。

③后制动检测时,将后轮驶上制动试验台,按指示器的提示踩住制动踏板。指示器会显示后制动结果,若不合格,允许重测一次。

④测量驻车制动(手制动)方法与测量前、后轮制动相同。可按指示器的提示拉住驻车制动操纵杆。若不合格,允许重测一次。

⑤车速表校验时,将后轮驶上车速表检验台,驾驶人手持测试按钮,轻踩加速踏板,当车速表指示 40km/h 时按下测试按钮。指示器可显示检测结果,若不合格,允许重测一次。测完后松开加速踏板,使车轮停转。

⑥喇叭音量或噪声测试时,按提示要求按喇叭约 2s,或按要求测量车内噪声。测完后,指示器会显示检测结果。

**注意**:检测顺序与驱动轮的位置和驻制动器安装位置有关。处理的原则是测完前轮的项目之后再测后轮的项目,以免车辆倒退。

(3)第三工位——灯光尾气工位。

本工位主要由前照灯检测(Head Light Test)、排气检测(Exhaust Gas Test)、烟度检测(Diesel Smoke Test)和喇叭声级检测(Noise Test)组成,简称 HX 工位。受检车进入该工位后,按以下步骤操作:

①将汽车停在于前照灯检测仪一定距离处(一般距离是 3m),面向正前方,前照灯仪会自动驶入,分别测量左右灯远光的发光强度和照射方向。检测结果会在工位指示器上显示。

②按指示器要求检测废气或烟度。测废气时,让发动机处于怠速状态,将探头插入排气管,几秒之后指示器即显示检测结果。测烟度时,应在发动机怠速状态下,将加速踏板迅速踩到底,几秒之后指示器也会显示检测结果。烟度检测要求测三次,取平均值。

此时若第四工位无车,指示器会提示,令受检车进入第四工位。

(4)第四工位——车底检查工位。

车底检查(Pit Inspection)工位,简称为 P 工位,检查项目见表 1-4。此工位以人工方式检查车底情况,如部件连接是否牢固,有无变形、断裂,水、电、油、气有无泄漏等。检测人员通过对讲机或自制的按钮板等设备,将结果送至主控计算机。

车底检查项目  表1-4

| 序号 | 检查项目 | 序号 | 检查项目 |
|---|---|---|---|
| 1 | 发动机及其连接 | 16 | 油路、气路、电路 |
| 2 | 车架 | 17 | 储气筒 |
| 3 | 前梁 | 18 | 传动轴、万向节、伸缩节 |
| 4 | 转向器的转向轴及其万向节 | 19 | 中间支撑 |
| 5 | 转向器支架 | 20 | 离合器及操纵机构 |
| 6 | 转向垂臂 | 21 | 变速器 |
| 7 | 转向器 | 22 | 主传动器 |
| 8 | 转向主销及其轴承 | 23 | 减振器 |
| 9 | 纵横拉杆 | 24 | 钢板弹簧夹及U形螺栓 |
| 10 | 前悬架连接 | 25 | 排气管及消声器 |
| 11 | 前吊耳销 | 26 | 制动系拉杆、驻车制动器 |
| 12 | 后悬架连 | 27 | 后桥壳 |
| 13 | 后吊耳销 | 28 | 缓冲器、保险杠、牵引钩 |
| 14 | 各部杆系 | 29 | 漏油、漏水、漏气、漏电 |
| 15 | 各种软管 | 30 | 油箱、蓄电池等的固定 |

(5)综合判定及主控制室工位。

汽车到达本工位时检测项目已全部检测完毕,主控制计算机对各工位检测结果进行综合判定后,由打印机集中打印检测结果报告单,并由检测长送给被检车驾驶人。检测清单的样式见表1-5。

机动车安全技术检验报告  表1-5

代号：　　检验日期：　　检验流水号：　　资格许可证号：　　电话：

| 号牌(自编)号 | | 所有人 | | | |
|---|---|---|---|---|---|
| 号牌种类 | | 车辆类型 | | 品牌/型号 | |
| VIN(出厂编号) | | 发动机号 | | 燃料类别 | |
| 驱动型式 | | 驻车轴 | 2、3 | 转向轴悬架形式 | |
| 前照灯制 | | 前照灯远光光束能否单独调整 | | | |
| 初次登记日期 | | 出厂年月 | | 里程表读数 | |
| 检验类别 | | 检验项目 | | 登录员 | | 引车员 | |

续上表

| 代号 | 台试检测项目 | | 轮(轴)荷(kg) | | 最大制动力(10N) | | 过程差最大差值点(10N) | | 制动率(%) | 不平衡率(%) | 项目判定 | | 单项次数 |
|---|---|---|---|---|---|---|---|---|---|---|---|---|---|
| | | | 左 | 右 | 左 | 右 | 左 | 右 | | | 左 | 右 | |
| B | 制动 | 一轴 | | | | | | | | | | | |
| | | 二轴 | | | | | | | | | | | |
| | | 三轴 | | | | | | | | | | | |
| | | 四轴 | | | | | | | | | | | |
| | | 驻车 | 4000 | | 300 | 200 | / | / | | / | / | / | |
| | | 整车 | 4000 | | 2500 | | / | / | | | / | / | |
| | 动态轮荷(左/右)(kg) | | 1轴 1300/1300 | | 2轴 700/700 | | 3轴 / | | 4轴 / | | | | |

| 代号 | | 项目 | 远光发光强度*(cd) | 远光偏移 | | 近光偏移 | | 灯中心高(mm) |
|---|---|---|---|---|---|---|---|---|
| | | | | 垂直(mm/10m) | 水平(mm/10m) | 垂直(mm/10m) | 水平(mm/10m) | |
| H | 前照灯 | 左外灯 | 200/1.2H | | | | | |
| | | 左内灯 | −200/0.8H | | | | | |
| | | 右内灯 | | | L=175/10 | | | |
| | | 右外灯 | | | | | | |

| 代号 | | | | | | | | |
|---|---|---|---|---|---|---|---|---|
| X | 排放 | 高怠速 | CO(%) | HC($10^{-6}$) | $\lambda$ | 怠速 | CO(%) | HC($10^{-6}$) |
| | | 排气烟度 | 1) | | 2) | 3) | 平均值 | |
| S | 车速表 | | | | | | km/h | |
| A | 侧滑 | | | | | | m/km | |

| 路试制动性能 | | 路试检验员 | |
|---|---|---|---|
| 人工检验项目 | 不合格否决项(打编号) | 不合格建议维护项(打编号) | 检验员 |
| 1 车辆外观检查 | | | |
| 2 底盘动态检验 | | | |
| 3 车辆底盘检查 | | | |
| 检验结论 | 批准人 | 整车判定/总检次数 | |
| 备注 | 送检人(签字) | 单位盖章 | |

**重要提示**：《中华人民共和国道路交通安全法》规定，上道路行驶的机动车未放置有效检验合格标志的，公安机关交通管理部门将扣留机动车并处以罚款。检验合格后请及时到公安机关交通管理部门办理相关手续并领取检验合格标志，有不合格建议维护项时，请及时调修车辆。

## 三 学习拓展

以某市为例,汽车综合性能检测站开业条件如下:

### 1 主题内容与适用范围

(1)本条件规定了汽车综合性能检测站(包括 A 级、B 级、C 级)应具备的设备、设施、人员、质量管理、安全生产、环境保护等条件。

(2)本条件适用于在本市行政辖区内从事车辆综合性能检测的汽车综合性能检测站(以下简称检测站),是道路运输管理部门对检测站开业审批的依据。

### 2 定义

(1)汽车综合性能检测站:从事各类汽车动力性、安全性、经济性、可靠性、噪声与废气排放状况等性能检测的企业。

(2)检测站的分级:根据检测站所具备的设备、设施、人员、质量管理、安全生产、环境保护等条件,将检测站分为 A 级站、B 级站、C 级站。

### 3 设备条件

(1)各级检测站设备的配置应与检测诊断的对象、项目相适应,检测设备须经有关部门认定(进口设备应有认定证明书和有关部门的检定证书)。

(2)为保证汽车综合性能检测站检测数据的准确性、可靠性和公正性,检测站采用全自动检测线,检测设备、仪器与主机联网,并具有数据实时采集、集中打印功能。采用计算机联网系统后,应不影响原检测设备所具有的功能;系统的示值误差应不低于原检测设备的精度要求;当计算机及其附属设备、接口等出现故障时,原检测设备应能正常工作。

(3)检测设备和计量器具,须经技术监督部门计量周期检定,并取得计量检定合格证。

(4)各级检测站设备配置见表1-6。

**各级检测站设备配置表** 表1-6

| 序号 | 设 备 名 称 | 检测站级别 A | B | C | 备 注 |
|---|---|---|---|---|---|
| 1 | 车辆外部清洗设备 | √ | √ | √ | |
| 2 | 发动机综合测试仪 | √ | √ | √ | |
| 3 | 汽缸漏气量检测仪 | √ | √ | √ | B/C 级站 3、4 任选一种 |
| 4 | 曲轴箱窜气检测仪 | √ | √ | √ | |
| 5 | 工业纤维内窥镜 | √ | | | |
| 6 | 润滑油质量检测仪 | √ | √ | | |
| 7 | 废气分析仪 | √ | √ | √ | |

续上表

| 序号 | 设 备 名 称 | 检测站级别 | | | 备 注 |
|---|---|---|---|---|---|
| | | A | B | C | |
| 8 | 烟度计 | √ | √ | √ | |
| 9 | 声级计 | √ | √ | √ | |
| 10 | 油耗仪 | √ | √ | √ | |
| 11 | 无损探伤设备 | √ | √ | √ | |
| 12 | 喷油泵、喷油嘴试验设备 | √ | | | |
| 13 | 电控汽油喷射系统检测设备 | √ | | | |
| 14 | 汽缸压力表 | √ | √ | √ | |
| 15 | 真空表 | √ | √ | √ | |
| 16 | 底盘测功机 | √ | √ | | |
| 17 | 轴重仪 | √ | √ | √ | |
| 18 | 制动试验台 | √ | √ | √ | |
| 19 | 车轮定位仪 | √ | √ | √ | |
| 20 | 转向力—转角仪 | √ | √ | √ | |
| 21 | 车轮动平衡机 | √ | √ | √ | 就车式 |
| 22 | 车速表检验台 | √ | √ | √ | |
| 23 | 侧滑检验台 | √ | √ | √ | |
| 24 | 底盘间隙检测台 | √ | √ | | |
| 25 | 轮胎预压充气仪 | √ | √ | √ | |
| 26 | 踏力板计 | √ | √ | √ | |
| 27 | 五轮仪 | √ | | | |
| 28 | 轴距量仪 | √ | √ | | |
| 29 | 拉力计 | √ | √ | √ | |
| 30 | 前照灯检测仪 | √ | √ | √ | |
| 31 | 万用电表 | √ | √ | √ | |
| 32 | 电解液比重计 | √ | √ | √ | |
| 33 | 漆膜光泽测量仪 | √ | | | |
| 34 | 喷淋装置 | | | | |

续上表

| 序号 | 设备名称 | 检测站级别 A | 检测站级别 B | 检测站级别 C | 备注 |
|---|---|---|---|---|---|
| 35 | ABS检测仪 | | | | |
| 36 | 悬架性能检测仪 | | | | |
| 37 | 汽车侧倾角检验仪 | | | | |
| 38 | 外径千分尺 | √ | √ | √ | |
| 39 | 内径百分表 | √ | √ | √ | |
| 40 | 游标卡尺 | √ | √ | √ | |
| 41 | 百分表 | √ | √ | √ | |
| 42 | 平尺 | √ | √ | √ | |
| 43 | 平台 | √ | √ | √ | |
| 44 | 机油专用压力表 | √ | √ | √ | |
| 45 | 气压表 | √ | √ | √ | |
| 46 | 厚薄规 | √ | √ | √ | |
| 47 | 转速表 | √ | √ | | |
| 48 | 点温计 | √ | √ | √ | |
| 49 | 卧式千斤顶 | √ | √ | √ | 5000kg级 |
| 50 | 扭力扳手 | √ | √ | √ | |
| 51 | 锤子 | √ | √ | √ | |
| 52 | 常用工具 | √ | √ | √ | |

## 4 设施条件

(1)检测站站址的选择,应是汽车运输业和汽车维修业较集中的区域,并应与本市汽车综合性能检测站总体规划布局相适应,须设置检测间、停车场、试车道等设施。

(2)汽车检测线应设置在室内,采用直线通道流水线作业方式,检测间侧墙采光面积比应不小于1:4,地面应坚实平整,彩条引车线应清晰可见。检测间通道地面的纵向、横向坡度应小于0.1%,在汽车制动试验台前后相应距离内,地面附着系数应不低于0.7。各级检测站内应设置压缩气源。

(3)A、B级站检测间应为双线检测通道,C级站检测间可采用双线或单线检测通道。检测站设施面积要求见表1-7。

监测站设施面积要求表    表1-7

| 站级 | A | B | C |
|---|---|---|---|
| 检测间(m²) | ≥700 | ≥600 | ≥500 |
| 停车场(m²) | ≥1000 | ≥800 | ≥600 |
| 试车道(m) | 长(直线段)≥100,宽≥8 | | |

### 5 人员条件

(1)各级检测站应配备站长、技术负责人、质量负责人、工程技术人员、检测员、引车员和财务管理人员。

(2)技术负责人、质量负责人应具有相应专业中级以上(含中级)技术职称。A、B级站不少于2名,C级站不少于1名。

(3)检测员应具有高中或相当于高中(含中专)以上文化程度,检测人员中工程技术人员不少于30%。

(4)引车员中须有一名持有机动车大型客车驾驶证。

(5)检测人员必须经行业管理部门组织专门培训,考核合格、取得岗位证书,方能上岗。

(6)检测人员岗位设置、数量应与检测量相适应。

### 6 管理制度

(1)必须具备并执行汽车检测诊断、维修的国家标准和行业标准,以及相关的各种标准。

(2)各级检测站必须建立以下管理制度:

①具有并执行保证汽车检测质量的工艺文件;

②检测质量管理制度;

③检测公正性监督管理制度;

④检测档案、技术资料管理制度;

⑤检测设备、仪器和计量管理制度;

⑥检测人员培训考核制度;

⑦用户意见处理制度。

(3)各级检测站必须建立以下岗位责任制:

①检测站站长岗位责任制;

②技术副站长岗位责任制;

③检测人员岗位责任制;

④设备、计量器具管理人员岗位责任制;

⑤计算机操作人员岗位责任制;

⑥财务管理人员岗位责任制。

(4)各级检测站须建立检测设备、仪器操作规程。

### 7 安全生产条件

各级检测站应有相应的安全生产管理制度,合理配置消防器材,并经有关部门认可。

## 8 环境保护条件

(1)各级检测站的环境保护条件必须符合国家环境保护有关的法律、法规、规章规定,并经有关部门认可。

(2)各级检测站应积极防止废气、废水、粉尘等有害物质和噪声对环境的污染和危害,按检测工艺要求在废气污染较严重的工位设置强制通风。

## 四 评价与反馈

### 1 自我评价

(1)通过本学习任务的学习你是否已经知道以下问题:

①按服务功能分类,汽车检测站可分哪些?

___

②半自动检测站的自动化程度或范围是什么?

___

(2)检测车辆的安全性能的操作过程中用到了哪些设备,在操作过程应注意哪些问题?

___

(3)在维修检测站进行检测时,操作流程有哪些步骤?

___

(4)通过本学习任务的学习,你认为自己的知识和技能还有哪些欠缺?

___

签名:_____    ____年___月___日

### 2 小组评价(表1-8)

小组评价表　　　　表1-8

| 序号 | 评价项目 | 评价情况 |
| --- | --- | --- |
| 1 | 着装是否符合要求 |  |
| 2 | 是否能合理规范地使用仪器和设备 |  |
| 3 | 是否按照安全和规范的流程操作 |  |
| 4 | 是否遵守学习、实训场地的规章制度 |  |
| 5 | 是否能保持学习、实训场地整洁 |  |
| 6 | 完成工作任务情况 |  |

参与评价的同学签名:_____    ____年___月___日

### 3 教师评价

___

教师签名:_____    ____年___月___日

# 五 技能考核标准

根据学生完成实训任务的情况对学习效果进行评价。技能考核标准见表1-9。

技能考核标准表　　　　　表1-9

| 序号 | 项目 | 操作内容 | 规定分 | 评分标准 | 得分 |
|---|---|---|---|---|---|
| 1 | 课前准备 | 个人工作服着装清洁整齐 | 5分 | 个人劳动保护有效得5分,否则扣1~5分 | |
| | | 课前分组集队整齐迅速 | 5分 | 课前分组集队整齐迅速得5分,否则扣1~5分 | |
| 2 | 检测线的认识 | 场地准备 | 5分 | 场地准备充分得5分,否则扣1~5分 | |
| | | 设备准备 | 5分 | 设备充分得5分,否则扣1~5分 | |
| | | 车辆准备 | 5分 | 车辆准备充分得5分,否则扣1~5分 | |
| | | 指认安全装置检查工位 | 15分 | 能指认安全装置检查工位得15分,否则扣1~15分 | |
| | | 指认侧滑制动车速表工位 | 15分 | 能指认侧滑制动车速表工位得15分,否则扣1~15分 | |
| 2 | 检测线的认识 | 指认灯光尾气工位 | 15分 | 能指认灯光尾气工位得15分,否则扣1~15分 | |
| | | 指认车底检查工位 | 15分 | 能指认车底检查工位得15分,否则扣1~15分 | |
| | | 指认综合判定及主控制室工位 | 10分 | 年指认综合判定及主控制室工位得10分,否则扣1~10分 | |
| 3 | 现场管理 | 整个操作过程现场布局、清理、清扫整理 | 5分 | 现场管理整洁有序得5分,否则扣1~5分 | |
| | 总　分 | | 100分 | 得　　分 | |

# 项目二　汽车动力性能检测设备的使用与维护

## 学习任务2　汽车底盘测功机的使用与维护

 **学习目标**

 知识目标

1. 了解汽车底盘测功机的检测项目；
2. 理解汽车底盘测功机的结构原理。

 技能目标

1. 会操作汽车底盘测功机进行动力性能检测；
2. 会对汽车底盘测功机进行检查和维护。

建议课时

4 课时。

 任务描述

某汽车修理厂刚刚完成一辆汽车的大修作业。现委托检测站对该汽车动力性能进行检测，检查其动力性能是否恢复至相应大修后标准。现该车已停放在你所负责的检测工位，请你使用汽车底盘测功机对其进行检测，并得出相应功率数据。

### 一　理论知识准备

底盘测功机的基本功能为：测试汽车驱动轮输出功率、测试汽车的加速性能、测试汽车的滑行能力和传动系统的传动效率、检测校验车速表、油耗计、废气分析仪等设备，还可以对汽车的燃油经济性和废气排放性能进行检测。

### ❶ 汽车底盘测功机的型号

底盘测功机型号由四部分组成,第一部分为产品代号,第二部分为电涡流机冷却方式(F——风冷、S——水冷、Y——油冷),第三部分为额定承载质量(用两位阿拉伯数字表示,单位t),第四部分为改进序列号(用大写英文字母表示)。例如某公司额定承载质量3t、风冷式电涡流机、第三次改进型汽车底盘测功机,其型号表示为××××-F033C。

### ❷ 汽车底盘测功机工作原理

汽车底盘测功机是一种不解体检验汽车性能的检测设备,它是通过汽车在室内台架上模拟道路行驶工况的方法来检测汽车的动力性,而且还可以测量多工况排放指标及油耗。同时能方便地进行汽车的加载调试和诊断汽车在负载条件下出现的故障等。由于汽车底盘测功机在试验时能通过控制试验条件,使周围环境影响减至最小,同时通过功率吸收加载装置来模拟道路行驶阻力,控制行驶状况,故能进行符合实际的复杂循环试验,因而得到广泛应用。

### ❸ 汽车底盘测功机功能及类别

(1)汽车底盘测功机功能。

图2-1 底盘测功机

底盘测功机又称转鼓式试验台或底盘测功试验台,它通过在室内台架上以滚筒的表面代替路面,并通过加载装置给滚筒施加负荷模拟行驶阻力,使汽车尽可能在接近实际道路行驶工况下,来进行各项目的检测与试验。底盘测功机可以完成汽车的动力性能、燃料经济性能、滑行性能、制动性能和车速表的示值误差的测定,而且还可以测量多工况排放指标,进行汽车的加载调试和诊断汽车在负载条件下出现的故障。底盘测功机如图2-1所示。

(2)汽车底盘测功机的类别。

按测功装置中测功器形式不同,可以分为水力式、电力式、电涡流式;按测功装置中测功器冷却方式不同,可以分为风冷式、水冷式、油冷式;按滚筒装置承载能力不同,可以分为小型、中型、大型、特大型。不同型号底盘测功试验台的承载质量见表2-1。

不同型号底盘测功试验台的承载质量　　表2-1

| 底盘测功试验台类别 | 小型 | 中型 | 大型 | 特大型 |
|---|---|---|---|---|
| 承载质量 $m(t)$ | $m \leq 3$ | $3 < m \leq 6$ | $6 < m \leq 10$ | $m > 10$ |

### ❹ 汽车底盘测功机的结构

汽车底盘测功机的组成部分一般包括框架、滚筒装置、举升装置、测功装置、测速装置、控制与指示装置和辅助装置。其机械部分结构如图2-2所示。

## 项目二 汽车动力性能检测设备的使用与维护

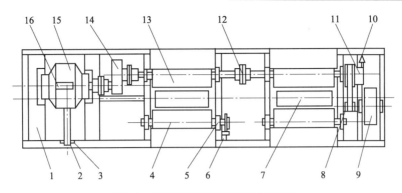

图 2-2 汽车底盘测功机机械部分结构图

1-框架；2-测力杠杆；3-压力传感器；4-从动滚筒；5-轴承座；6-速度传感器；7-举升装置；8-传动带轮；9-飞轮；10-电刷；11-离合器；12-联轴器；13-主动滚筒；14-变速器；15-电涡流测功器；16-冷却水入口

1）框架与滚筒装置

底盘测功试验台的滚筒相当于不断移动的路面，被测车辆的车轮在其上滚动。该种试验台有单滚筒和双滚筒之分，双滚筒又进一步分为单轮双滚筒和双轮双滚筒，如图 2-3 所示。

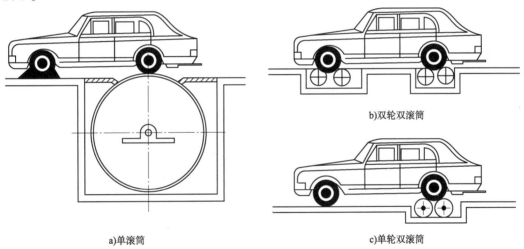

a) 单滚筒　　b) 双轮双滚筒　　c) 单轮双滚筒

图 2-3 滚筒装置

（1）单滚筒试验台。

单滚筒试验台的滚筒多采用硬质木料或钢板制成，其直径多在 1500～2500mm 之间，直径较大，随着滚筒直径的加大，车轮在滚筒上的滚动就越接近平路上滚动，使轮胎与滚筒间的滚动阻力小、滑转率小，测试精度越高。可是加大滚筒直径会受到制造、安装、占地和费用等多方面的限制，因此滚筒直径不宜过大。单滚筒试验台使用不方便，因为单滚筒试验台要求车轮在滚筒上的安放、定位要准确，而车轮中心与滚筒中心的对中又是比较困难的。适用于需要做科研性试验的汽车制造厂、科研院所和大专院校，不适用于需要做生产性试验的汽车维修单位、汽车检测站等。

（2）双滚筒试验台。

双滚筒试验台的滚筒多使用空心结构，用钢质材料制成。表面形状又有多种形式：光滑式、滚花式、沟槽式和涂覆层式。当前光滑式滚筒使用的最多,滚花式和沟槽式应用较少。光滑式滚筒的表面摩擦系数较低,而涂覆层式滚筒比较理想,它是在光滑式滚筒表面上涂覆摩擦系数与道路实际情况接近一致的材料。单滚筒试验台的滚筒一般使用硬质木料或钢板制成,采用空心结构。

双滚筒式底盘测功试验台的滚筒有主、副之分。主滚筒与测功器相连,左右两个主滚筒之间装有联轴器,左右两边的副滚筒处于自由状态。所有类型的滚筒,均通过滚动轴承安装在框架上。框架是底盘测功试验台机械部分的基础,由型钢焊接而成,固定在地坑内。

2)测功装置

测功装置用于测量发动机经传动系传至驱动车轮的功率。测功装置是一个可以进行加载的设备,这对于滚筒式测功试验台是非常必需的。这是因为汽车在滚筒式试验台上做试验时,滚筒式试验台应模拟车辆在道路上行驶所受的各种阻力,因此需要对滚筒加载,以使车辆的受力情况尽量接近在实际道路上行驶时的受力情况。测功装置由测功器和测力装置组成。

(1)测功器。

滚筒式底盘测功试验台常用的测功器有水力测功器、电力测功器和电涡流测功器三种。三种测功器都是由转子和定子两大部分组成的,并且定子是浮动的,可以围绕中心摆动,而转子则与主滚筒相连一起转动。在这三种测功器之中,水力测功器目前应用的较少。电力测功器的功能最强,但成本较高,更适合于科研部门和高等院校使用。电涡流测功器应用最为广泛,其特点是体积小、运转平稳和测量精度较高。水冷电涡流测功器结构示意如图2-4所示。

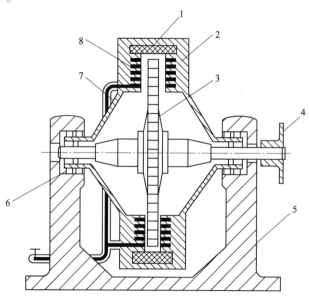

图2-4 水冷电涡流测功器结构示意图

1-励磁线圈;2-定子;3-转子;4-联轴器;5-底座;6-轴承;7-冷却水管;8-冷却室水沟

电涡流测功器由定子和转子组成,其中,定子是一个钢制的壳体,若干个带磁芯的励磁线圈沿壳体圆周均匀排布,转子是一个固定在转轴上钢制的、很厚实的圆盘(涡流盘),可随转轴一起转动,而转轴则与主动滚筒相连。转子涡流盘、线圈铁芯之间,定、转子之间,都只有很小的间隙。

当在线圈中通入直流电,就会有较强的磁场产生。磁力线会穿过铁芯、定子和转子盘而形成一个完整闭合回路。当转子转动时,会因为转子盘切割磁力线而感应很强的涡流。涡流与励磁线圈的磁场间的相互作用,将使转子的转动受到一定的阻力或制动转矩。汽车驱动轮要带动涡流测功器的转子转动,就必然要消耗能量克服这种涡流阻力。要改变磁场和涡流的强度,调节励磁线圈的电流即可,这便可以很容易地改变驱动轮的负载。

(2)测力装置。

当转子转动受到电涡流的阻力矩时,定子也会受到大小相等、方向相反的力矩。所以我们只要测得定子所受的反力矩,就可以知道转子受的涡流力矩。常用的测力装置工作原理如图2-5所示。

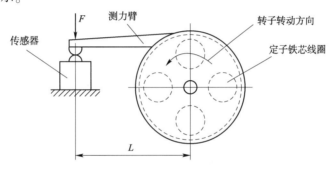

图 2-5 测力装置工作原理图

底盘测功试验台要保证汽车加速能力(加速时间)和滑行距离的测试精度,首先应该使飞轮机构、滚筒装置及其他旋转部件的旋转动能与汽车实际在道路上以相应的速度运行时的动能相一致。电涡流测功器的定子是浮动安装的(可绕中心摆动),在定子表面装有一个测力杠杆,该测力杠杆压在一个压力传感器上面(图2-2中部件2、3)。这样,当定子受到转子转动而产生的反作用力矩时,将通过测力杠杆对传感器施加一个压力。测力杠杆的长度$L$是一定的,从而可以通过传感器受的力$F$,计算出汽车在各种不同工况下的驱动力。试验台的速度传感器(图2-2中部件6)可检测车速。车速与检测到的驱动力一起可以计算出驱动轮的输出功率。

(3)飞轮装置。

上述对驱动力和车速的测试,主要适用于检测稳态时的驱动轮的驱动功率。如果在试验台上要检测汽车的加速性能和滑行性能,便需要模拟汽车行驶时的惯性。为此目的可以在测功试验台上安装一套飞轮组,按照不同汽车的质量配以相应转动惯量的飞轮。飞轮与滚筒的结合与断开由离合器控制。

(4)测速装置。

测试验车速,是在底盘测功试验台上在进行测功、加速、等速、滑行和燃料经济性等试验时都需要的,因此必须配备测速装置。测速装置通常为电测式,一般由速度传感器、中间处理装置和指示装置组成。速度传感器的常见形式有磁电式、光电式和测速发电机等,这些传感器安装在副滚筒一端,随副滚筒一起转动,从而能把滚筒的转动转变为电信号。

与测速发电机相配的指示装置是一电压计,电压计的刻度盘以千米每小时(km/h)进行指示。部分汽车底盘测功试验台的速度传感器为光电式,该速度传感器输出脉冲信号,送入单片机处理后,在指示装置上以单位为千米每小时(km/h)进行车速指示。

(5)控制与指示装置。

底盘测功试验台的控制装置和指示装置通常制成一体,形成柜式结构,安置在底盘测功试验台前方易于操作和观察的地方。如果测力装置为电测式,指示装置能直接指示驱动车轮的输出功率。尤其是计算机控制的底盘测功试验台,测力杠杆下测力传感器输出的电信号送入计算机处理后,可在指示装置上直接显示功率数值。

测力装置为机械式和液压式的试验台,其指示装置仅能指示驱动车轮的驱动力。此时,驱动车轮的输出功率应根据测得的驱动力和对应的试验车速按下式计算:

$$P_K = \frac{Fv}{3600}$$

式中:$P_K$——驱动车轮的输出功率,kW;

$F$——驱动车轮的驱动力,N;

$v$——试验车速,km/h。

(6)辅助装置。

①纵向约束装置。汽车在底盘测功试验台上试验时,必须加以纵向约束,可以防止汽车因可能出现的摆动、移动或者万一冲出试验台而造成的不良后果。单滚筒试验台必须用钢索拉紧,使汽车能够纵向固定。对于双滚筒试验台,只需在从动轮前后用三角木块顶住,不必用钢索。

②冷风装置。防止汽车发动机过热以及轮胎、驱动桥过热的冷风装置。汽车在底盘测功试验台上试验时,虽然车轮在运转,但汽车并未行驶,没有迎面吹来的风对发动机进行附加的冷却,光靠发动机自身的冷却系统散热就不充足了。特别是长时间、大负荷试验时,发动机很容易发热。所以试验时应该在车前放置适当的风机,对发动机进行强制冷却。轮胎也存在同样的问题,轮胎周围空气不流通,轮胎长时间在滚筒上转动也容易受热甚至变形,因此在驱动轮附近也采用风机进行强制冷却。

**5 汽车底盘测功机的工作原理**

在进行汽车测功试验时,汽车驱动轮置于滚筒装置上,驱动滚筒旋转并经滚筒带动测功器的转子旋转。当定子上的励磁线圈没有电流通过时,转子不受制动力矩作用;当励磁线圈通以直流电时,所产生磁场的磁力线通过转子、空气隙、涡流环和定子构成闭合磁路。由于通过齿顶和凹槽的磁通量不同,因而当转子在滚筒带动下旋转时,通过涡流环任一点的磁通量呈周期性变化而产生了涡电流,涡电流产生的磁场与励磁磁场相互作用,产生了与转子旋转方向相反的转矩,从而对滚筒起到了加载作用,测出该转矩和转子转速,便可据此得到由滚筒传递给测功器转子的驱动功率。

在底盘测功机上测得的驱动轮输出功率取决发动机输出功率、传动系传动效率、滚动阻力损失功率和试验台传动效率等因素。

## 二 任务实施

### ❶ 准备工作

（1）将待检车辆停放在维修区域，车辆轮胎气压应符合各自的规定值（出厂标准），检查并清除轮胎上的油污、水渍和嵌入的石子、杂物等。

（2）检查底盘测功机工作是否正常，安全机构工作是否正常。

（3）检查底盘测功机及周围场地有无机油、石子、泥污等杂物，并清除干净。

### ❷ 技术要求与注意事项

（1）根据《机动车运行安全技术条件》（GB/T 7258—2012）规定，在用车发动机功率不得低于原额定功率的75%。

（2）走合期的新车或大修车，不宜进行底盘测功试验。

（3）测功时，应密切注意各种异响和发动机冷却液温度。

（4）被测车前严禁站人，以确保安全。

### ❸ 操作步骤

1）车辆准备

（1）发动机底壳机油液位应在允许范围内；

（2）发动机机油压力应在允许范围内；

（3）发动机冷却系统的工作应正常；

（4）自动变速器（液力变矩器）的液位应在规定的范围内；

（5）汽车发动机和底盘经过维护，供油系和点火系处于最佳工作状态；

（6）运行预热全车。

2）测功机的准备

（1）开机前必须按使用说明书的要求，对底盘测功机做好准备工作。

（2）按规定程序进行操作。

（3）惯性模拟系统除进行多工况油耗试验、加速、滑行试验外，不允许任意使用。

（4）引车员必须严格按引导系统提示操作。

（5）对于水冷测功机，应将冷却水阀打开。

（6）接通电源，升起举升器托板，根据被检车的功率，选择测试功率的挡位。

（7）用两个三角铁抵住停在地面上的车轮的前方，防止汽车在检测中由于误操作而冲出去。

（8）为防止发动机过热，将一台冷却风扇置于被检汽车前方约0.5m处，对发动机吹风。

（9）使汽车以5km/h的速度运行，观察有无异常。看水表指示灯是否点亮。

(10)设定试验车速或转矩。

(11)起动发动机,由低速挡逐级换入直接挡,同时逐渐踩下加速踏板,使节气门全开。

(12)待发动机稳定后,读取和记录功率值。

(13)重复检测三次,取平均值。

### 4 维护

1)例行检查项目

(1)对于采用水冷电涡流式及水涡流功率吸收装置,要求检查冷却水管路是否有漏水现象;

(2)润滑系统是否有漏油现象;

(3)带有扭力箱、升速器的装置检查滚筒轴承、飞轮轴承是否有发热现象;

(4)检查地沟是否有漏油、漏水及杂物。

2)每六个月检查项目

(1)各部螺栓紧固情况(紧固);

(2)循环水池积垢情况(清除);

(3)冷却水滤清器堵塞情况(清洗);

(4)对各支撑轴承及运动齿轮进行润滑。

**注**:(2)、(3)是对水冷式功率吸收装置而言。

## 三 学习拓展

汽车的动力性是指汽车在良好路面上直线行驶时由汽车受到的纵向外力决定的、所能达到的平均行驶速度。汽车动力性指标包括以下几个:

### 1 最高行驶速度

汽车的最高车速是指在汽车以额定最大总质量状态,在风速不大于3m/s的条件下,在水平、良好的路面(混凝土或沥青)上汽车能达到的最高行驶车速,单位为 km/h。此时发动机节气门全开,变速器置于最高挡。一般来说,轿车的最高行驶速度为130~200km/h;客车的最高行驶速度为90~130km/h;货车的最高行驶速度为80~110km/h。

### 2 加速能力

汽车的加速能力是指汽车在水平、良好的路面行驶中所能达到的最大加速能力。由于加速过程的加速度是一个变量,不易表述,故汽车的加速能力通常以汽车加速时间 $t$ 来表示,加速时间是指汽车以额定最大总质量状态,在风速不大于3m/s的条件下,在水平、良好的路面上,从某一低速加速到某一高速所需的时间。加速时间分为原地起步加速时间和超车加速时间。

(1)原地起步加速时间。原地加速时间指汽车由1挡或2挡起步,并以最大的加速强度(包括选择适当的换挡时机)逐步换挡至最高挡后达到某一规定速度(如0~50km/h;对轿车常用0~100km/h)所需的时间。原地起步加速时间越短,汽车的加速能力越好,汽车动力性能也越好。

(2) 超车加速时间。超车加速时间指用最高挡或次高挡由某一较低车速全力加速到某一高速所需的时间。对超车加速能力还没有一致的规定,采用较多的是用最高挡或次高挡由 30km/h 或 40km/h 全力加速行驶至某一高速所需的时间。由于汽车超车时与被超车辆并行,容易发生交通安全事故,故超车时间短对行车安全有利。

### ❸ 爬坡能力

汽车的爬坡能力是用满载(或某一质量)时汽车在良好路面上行驶的最大坡度表示的。爬坡度可用角度 α 表示,也可用每百米水平距离内坡道的升高值与百米的比值 $i$ 来表示。汽车不同的挡位有不同的爬坡能力,通常关注的是汽车最低挡和最高挡的爬坡能力。

## 四 评价与反馈

### ❶ 自我评价

(1) 通过本学习任务的学习你是否已经知道以下问题:
①汽车底盘测功机功能包括哪些内容?
_____
②测功装置用于测量哪部分的功率?
_____
(2) 检测车辆的功率操作过程中用到了哪些设备,在操作过程应注意哪些问题?
_____
(3) 底盘测功机的操作流程有哪些?
_____
(4) 通过本学习任务的学习,你认为自己的知识和技能还有哪些欠缺?
_____

签名:_____  ____年___月___日

### ❷ 小组评价(表2-2)

小组评价表　　　　　　表2-2

| 序号 | 评价项目 | 评价情况 |
|---|---|---|
| 1 | 着装是否符合要求 |  |
| 2 | 是否能合理规范地使用仪器和设备 |  |
| 3 | 是否按照安全和规范的流程操作 |  |
| 4 | 是否遵守学习、实训场地的规章制度 |  |
| 5 | 是否能保持学习、实训场地整洁 |  |
| 6 | 是否团结协作开展任务实施 |  |

参与评价的同学签名:_____  ____年___月___日

### 3 教师评价

教师签名：_____　　_____年___月___日

## 五 技能考核标准

根据学生完成实训任务的情况对学习效果进行评价。技能考核标准见表2-3。

技能考核标准表　　　　　　　　　　　　　　表2-3

| 序号 | 项目 | 操作内容 | 规定分 | 评分标准 | 得分 |
|---|---|---|---|---|---|
| 1 | 准备工作 | 个人工作服着装清洁整齐 | 5分 | 个人劳动保护有效得5分，否则扣1～5分 | |
| | | 课前分组集队整齐迅速 | 5分 | 课前分组集队整齐迅速得5分，否则扣1～5分 | |
| 2 | 底盘测功机的使用 | 检查发动机 | 5分 | 能检查发动机得5分，否则扣1～5分 | |
| | | 检查自动变速器液压油面 | 5分 | 能检查自动变速器液压油得5分，否则扣1～5分 | |
| | | 运行发动机至正常工作温度 | 5分 | 能运行发动机至正常工作温度得5分，否则扣1～5分 | |
| | | 运行测功机 | 5分 | 能运行测功机得5分，否则扣1～5分 | |
| | | 打开冷却水阀 | 5分 | 打开冷却水阀得5分，否则扣1～5分 | |
| | | 选择测试功率挡位 | 10分 | 能选择测试功率挡位；否则扣1～10分 | |
| | | 进行检测车辆及设备的安全防护 | 10分 | 能进行检测车辆及设备的安全防护，否则扣1～10分 | |
| | | 设定试验车速 | 5分 | 能设定试验车速，否则扣1～5分 | |
| | | 起动发动机，由低速挡向直接挡换挡 | 10分 | 能起动发动机，由低速挡向直接挡换挡，否则扣1～10分 | |
| | | 读取和记录功率值 | 5分 | 能读取和记录功率值得5分，否则得1～5分 | |
| | | 根据检测数据判断车速表技术状况 | 10分 | 能确定技术状况得10分，否则扣1～10分 | |
| 3 | 底盘测功机的维护 | 例行检查 | 5分 | 能按照例行检查项目开展工作得5分，否则扣1～5分 | |
| | | 六个月检查 | 5分 | 能按照六个月检查项目开展工作得5分，否则扣1～5分 | |
| 4 | 现场管理 | 执行6S管理 | 5分 | 执行6S管理5分，否则扣1～5分 | |
| | | 总　分 | 100分 | 得　分 | |

## 学习任务3　发动机综合性能检测仪的使用与维护

学习目标

★ 知识目标
1. 了解发动机综合性能检测仪的检测参数；
2. 了解发动机综合性能检测仪的结构原理；
3. 熟悉发动机综合性能检测仪的检测参数的国家标准。

★ 技能目标
1. 能熟练使用发动机综合性能检测仪进行发动机检测；
2. 能对发动机综合性能检测仪进行检查、维护和简单的调试。

建议课时

8课时。

任务描述

现受某汽车修理厂委托，需要对该厂维修后的车辆进行各项性能检测并出具检测报告，根据检测站安排，需你使用发动机综合性能检测仪进行相关检测作业。请正确使用仪器进行检测，根据相关标准，出具相应检测报告。

### 一　理论知识准备

发动机综合性能检测仪也称为发动机综合性能分析仪，是发动机检测诊断仪器中，检测项目最多、功能最全、涉及面最广的一种仪器。它不仅能检测、分析、判断发动机动静态的工作性能和技术状况，有些还增加了对防抱死制动系统和安全气囊装置等的检测诊断。因此，发动机综合性能检测仪在汽车综合性能的检测诊断中所发挥的作用越来越大。可用于发动机实验室、检测线、汽车修理厂等。

**1　检测仪的功能与特点**

1）检测仪的功能

大多数发动机综合性能检测仪具有以下的功能。

（1）发动机常规检测功能。

①点火系检测,可检测分析点火系的波形,断电器触点闭合角,点火高压值和点火提前角等。

②无负荷测功。

③动力平稳分析。

④转速稳定性分析。

⑤温度检测。

⑥进气管负压检测。

⑦起动机与发电机检测。

⑧废气分析(需附带废气分析仪)。

⑨喷油压力检测:检测喷油压力值,检测供油压力波形。

⑩喷油提前角检测。

⑪烟度检测(需附带烟度计)。

(2)发动机电控系统检测功能。

①空气流量检测。

②转速检测。

③温度检测。

④进气管负压检测。

⑤节气门位置检测。

⑥爆燃信号检测。

⑦氧传感器检测。

⑧喷油脉冲信号检测。

(3)故障分析功能。

①故障查询。

②信号回放与分析。

(4)参数设定功能。

(5)数字示波器功能。

(6)数字万用表功能。

2)检测仪的特点

发动机综合性能检测仪具有以下三个特点。

(1)动态测试检测仪的信号采集系统能迅速、准确地获取发动机运转中各参数值,这些动态参数是对发动机工作性能和技术状况进行判断的重要依据。

(2)通用性检测仪的检测分析过程,不依据被测发动机的数据卡,只针对发动机基本结构和工作原理进行检测,因此具有通用性。

(3)主动性检测仪不仅能适时采集发动机的动态参数,而且还能主动地发出某些指令干预发动机的工作,以完成某些特定的试验。

**❷ 检测仪的基本结构**

发动机综合性能检测仪一般由信号提取系统、信息处理系统和采控显示系统三大部分组成,图3-1为国产EA3000型发动机综合性能检测仪。国产EA3000型发动机综合性能检测仪能够对汽车发动机及其电控系统进行检测及诊断,可检测发动机各系统的工作状态、运行参数及排放性能,可实时采集初次级点火信号、喷油信号、电控传感器信号、进排气系统等的动态波形,同时可进行性能分析、波形存储与回放、测试结果查询,还能对汽车电控系统进行诊断,如读故障码和数据流等,为发动机的技术状态判断和故障诊断提供科学依据。

EA3000型发动机综合性能检测仪由信号提取系统、带液晶触摸屏主机(内置高速采集卡、通信卡)、喷墨打印机、废气分析仪、机架、诊断SMART-BOX等几部分组成。

1)信号提取系统

图3-1 EA3000型发动机综合性能检测仪

信号提取系统由各类夹持器、探针和传感器组成,与发动机的被测部位直接或间接连接以拾取被测信号。该系统由12组拾取器组成,每一组拾取器根据其任务不同而由相应的夹持器、探针及传感器通过电缆与其适配器或插头连接构成。各拾取器测试电缆上均带有活动滑块,标识其名称。

2)信号输入系统

主机背面有12个信号输入接口,每个接口都标识号码(1280401~1280412),如图3-2所示。当插入适配器时,注意要插入相应的接口,否则检测不到输入信号。

图3-2 主机背面信号输入接口视图

3)采控与显示系统

现代的发动机综合性能检测仪均由计算机控制,能高速采控信号。检测仪的显示装置多为彩色显示器或液晶显示器。系统采用菜单式操作,使用方便。

### ❸ 仪器的主要技术性能

1)额定使用条件

(1)温度:0~50℃;

(2)相对湿度:<90%;

(3)主机电源:DC12V;

(4)主机功率:约20W。

2) 测量范围

(1) 借助仪器的无外载测试功能检测汽车发动机的动态性能,为营运车的等级评定提供定量数据。

(2) 对维修后的车辆测试,可检验维修质量和性能的恢复程序。

(3) 对发动机各系统新结构和新技术的效果进行测试与分析。

(4) 依靠仪器可将在用车的点火提前角、混合气浓度、怠速、排放指标、调速器和配气相位等参数调整到正确数值。

## 二 任务实施

### 1 准备工作

(1) 将实训车辆停放在维修区域。

(2) 准备 EA3000 型发动机综合性能检测仪一台。

(3) 准备常用工具套件、车辆挡块、翼子板布、三件套等工具。

### 2 技术要求与注意事项

对发动机检查的项目如图3-3所示。利用发动机综合性能检测仪可以较全面的检测系统的工作情况,为故障分析和排除提供了很好的参考和指导作用,只要在检测过程中注意正确的操作方法,就能迅速帮助排除发动机相关的故障。

发动机综合性能检测仪使用时的注意事项如下:

(1) 对于使用环境的要求:温度:0~40℃;大气压:650~800mm汞柱;相对湿度:小于85%;电源电压:220V±22V;电源频率:50Hz±1Hz;仪器应在平稳、少振动场合使用,并应避免冲击;仪器不得在有腐蚀性气体和杂质的环境中使用。

(2) 个人安全方面:使用前仔细阅读操作手册,了解各项正确的操作程序及应注意的安全规定。不正确的操作方法将造成设备损坏、人身伤害甚至死亡;绝对不允许未经培训的人员操作发动机综合性能检测仪;注意在插接电源时周围的地板不应太潮湿,以免触电;所使用的熔断丝的安培数不要超过允许的数值,否则不能在危险的情况下断电。

(3) 通风排气方面:测试现场应有良好的废气排放通风系统。吸入一氧化碳将造成人员伤害甚至致死。

### 3 操作步骤

汽油发动机性能检测包括13个项目,汽油机检测菜单如图3-4所示。

1) 初级点火信号

(1) 连接。

首先将蓄电池充电电压测试线的红、黑夹分别夹在蓄电池的正、负极上,将初级点火信号适配器(1280401)的红、黑色探头分别链接到点火线圈的正、负极,再将一缸信号适配器夹在一缸高压线上,如图3-5所示。

项目二 汽车动力性能检测设备的使用与维护

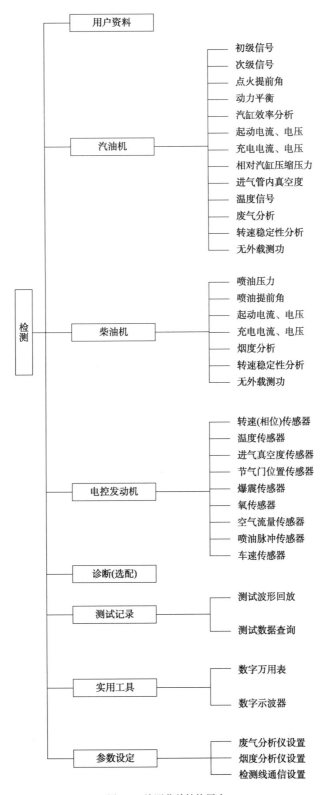

图 3-3 检测菜单结构层次

图 3-4 汽油机检测界面

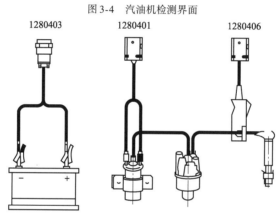

图 3-5 常规初级点火波形测试接线示意图

直接点火系统(包括单缸和双缸独立点火系统)应将蓄电池充电电压测试线的红黑夹分别夹在蓄电池的正负极上,再将单双缸初级信号提取适配器(1280401-1DIS)的各探针依次接入各缸的波形输出端。

(注:有些直接点火车辆的初级信号放大器内置在点火线圈内,接线端只能测到初级信号的触发信号。)

(2)操作步骤。

在"汽油机检测菜单"下点击"初级信号"图标,即进入初级信号检测界面,然后起动发动机即可测到初级点火波形。界面说明如下:

①点击"停止"图标("停止"图标被点击后即变为"测试"图标)系统即停止采集,再点击此图标即可恢复测试(同时"测试"图标恢复为"停止"图标);

②点击"波形选择"图标,系统弹出波形选择窗口,可在其中选择其他波形显示形式;

③点击"选择缸号"图标,在系统弹出的小窗口中可选择显示每一缸或所有缸的初级波形;

④点击"显示调整"图标,系统即弹出显示调整窗口,用户可根据需要点击相应图标进行 X 轴单位调整并将波形进行横、纵向平移和缩放;

⑤点击"保存数据"图标,系统将当前特征保存到数据库;

⑥点击"保存波形"图标,系统可将当前界面波形保存于指定目录;
⑦点击"图形打印"图标,可对界面有效区域进行图形打印;
⑧点击"返回"图标可返回上级菜单;
⑨点击"帮助"图标,将进入帮助系统,可以查看相关正确与故障波形以供参考;
⑩点击"显示专家分析"图标,可显示本项目测试的智能提示内容。

2)次级点火信号

点火系统按点火形式分为常规点火系统(指有分电器的点火系统)、单缸点火系统和双缸点火系统三种。不同点火系统的连线方法不同,现分述如下。

(1)常规点火系统。

首先将蓄电池充电电压测试线的红、黑夹分别夹在蓄电池的正、负极上,将红色次级信号夹夹在中心高压线上(从适配器1280408的红色BNC头引入设备),一缸信号适配器夹在仪器高压线上,如图3-6所示。

(2)单缸点火系统。

首先将蓄电池充电电压测试线的红、黑夹分别连接到蓄电池的正、负极上,再将同步信号适配器(1280406-1)接在一缸喷油嘴或初级信号线上(必须是有效的信号线,两者只能选其一),最后将与所测车型相对应的初级信号感应片卡在点火线圈上,并通过次级信号转接线,跨接线(某些车辆不用接)和初级信号连接线输入单缸次级信号提取适配器(1280408-SX)相应的BNC头,如图3-7所示。

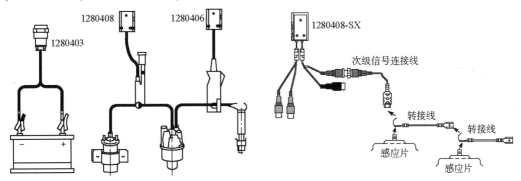

图3-6 常规点火接线示意图　　图3-7 单缸独立点火系统接线示意图

喷油嘴信号线的连接方式:将喷油嘴信号线座拔开,再用转接线将其按原来的连接关系两两连接,将同步信号适配器的喷油脉冲测试探针头插入转接线的通用母插头,将信号取出,如图3-8所示。

喷油嘴信号线有两根,其中一根有效一根无效(相对喷油脉冲适配器而言)。验证有效无效的办法是:先接其中一根,进入转速稳定性测试界面,看有无转速,若有转速则该信号线有效,若无转速则另一根信号线有效。

不同的车辆需要选择不同的次级信号输入通道,若适配器输入通道标贴上的车型号与所测车辆的型号不相符,可能造成次级信号波形失真。

(3)双缸独立点火系统。

①常规双缸点火系统:将蓄电池充电电压测试线的红、黑夹分别连接到蓄电池的正、负极上,将一缸信号适配器(1080406)夹到一缸的高压线上。将红色次级信号夹夹在正触发高压线上,黑色次级信号夹夹在负触发的高压线上,然后将次级夹按颜色标记分别接入红、黑色次级信号汇接器,再将次级信号汇接器按颜色标记分别接入双缸次级信号适配器(1280408-D1)的红、黑 BNC 头,如图3-9所示。

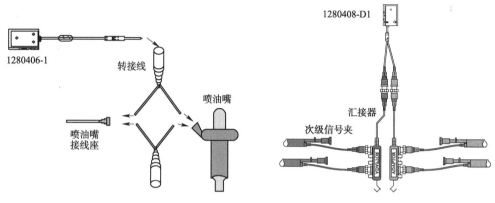

图3-8 喷油嘴接线示意图　　　　图3-9 单点喷射常规双缸点火系统接线示意图

首先将蓄电池充电电压测试线的红、黑夹分别连接到蓄电池的正、负极上,将同步信号适配器(1280406-1)接在一缸的喷油嘴或初级信号线上,提取同步信号,也可以用一缸信号适配器提取同步信号。

将红色次级信号夹夹在正触发高压线上、黑色次级信号夹夹在负触发的高压线上,然后将次级夹按颜色标记分别接入红、黑色次级信号汇接器,再将次级信号汇接器按颜色标记分别接入次级信号拾取器(1280408-D1)的红、黑 BNC 头(例如:奥迪 A6 2.4L 车型,其1、2、3缸为负触发,4、5、6缸为正触发)。这种车的夹线方式为:取三个黑色次级夹分别夹取1、2、3缸的次级高压线,将三个黑色次级信号夹连接到黑色次级信号汇接器,再将黑色汇接器接入次级信号适配器的黑色 BNC 头;取三个红色次级信号夹分别夹4、5、6缸的次级高压线,将三个红色次级信号夹连接到红色次级信号汇接器,再将红色汇接器接入次级信号适配器(1280408-D1)的红色 BNC 头。

进入用户数据设定界面,按照被测车辆的实际参数设置好车辆的冲程数、缸数,并将车辆的点火方式设置为"双缸点火"、同步方式设置为"喷油信号同步"。然后按"确定",退出用户数据设置,返回检测界面。

依次点击"汽油机"图标、"初级信号"图标,系统进入"双缸点火初始化对话框",提示用户选择输入"红色通道优先点火缸号",即正触发的缸号。用户只要点击从红色 BNC 头输入的次级信号夹所对应的缸号即可(点击一次,缸号标记亮显,表示该缸被选定为正触发方式;再点击,则缸号标记灰显,表示该缸被系统默认为负触发信号)。例如:测试奥迪 A6 2.4LAT 车型时,应设置方式如图3-10所示。选择完毕,按"确定",系统即进入次级信号测试界面。

②直接双缸点火系统:泛指每两缸共用一个点火线圈,其中一个缸的火花塞通过高压线与点火线圈连接,另一个缸的火花塞不通过高压线而是直接与点火线圈连接,这种点火

方式的车辆我们成为直接双缸点火系统。

将蓄电池充电电压测试线的红、黑夹分别连接到蓄电池的正、负极上,将同步信号适配器(1280406-1)接在一缸的喷油嘴或初级信号线上提取同步信号。也可以用一缸信号适配器提取同步信号。

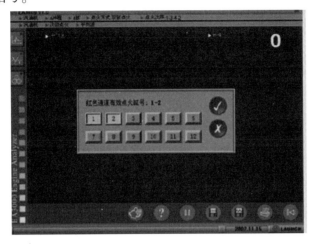

图 3-10  双缸点火初始化对话框

判断高压线的次级触发类型,按照高压线的触发类型选取与之相应颜色的次级信号夹(正触发信号接红色次级信号夹、负触发信号接黑色次级信号夹)夹取高压线,通过对应颜色的汇接器接入次级信号适配器的相应输入通道。

把次级信号感应片卡在点火线圈上,用次级信号转接线连接各个感应片,通过次级信号转接线、跨接线和次级信号连接线输入次级信号适配器的相应 BNC 头(感应片信号与高压线信号的触发方式相反。若高压线次级信号从红色 BNC 头输入,则感应片次级信号从黑色 BNC 头输入;否则从红色 BNC 头输入),如图 3-11 所示。

进入用户数据设定界面,按照被测车辆的实际参数设置好车辆的冲程数、缸数,并将车辆的点火方式设置为"双缸点火"、同步方式根据实际夹取的同步信号源分别设置为"初次级同步""喷油同步"。然后按"确定",退出用户数据设置,返回主界面,依次点击"汽油机"图标、"次级信号"图标,系统进入"双缸点火初始化对话框",提示用户选择输入"红色通道有效点火缸号",即正触发的缸号。用户只要点击从红色 BNC 头输入的次级信号夹或次级信号连接线所对应的缸号即可(点击一次,缸号标记亮显,表示该缸被选定为正触发方式;再点击缸号标记灰显,表示该缸被系统默认为负触发信号)。选择完毕,按"确定",系统即进入次级信号测试界面。

3)点火提前角

在"汽油机检测"菜单中点击"点火提前角"图标,然后起动发动机。

连接红频闪灯,按下频闪灯电源按钮,将频闪灯对准曲轴飞轮或皮带轮上的一缸上止点标记处,调整频闪灯上的电位器,使闪光相位前后移动直到曲轴飞轮上的标记上止点标记对准指示标记,如图 3-12 所示,此时显示器即会显示点火提前角数值。

4)动力平衡

(1)测试前的连接。

在测试前,需将一缸信号适配器夹在一缸高压线上,初级点火信号适配器夹在点火线圈上(红正、黑负)。

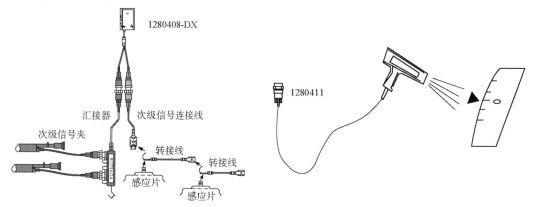

图3-11 双缸独立点火系统接线示意图　　　　图3-12 频闪灯测定点火提前角

(2)测试。

在"汽油机检测"菜单中点击"动力平衡"图标,即进入动力平衡测试状态。

5)汽缸效率测试

汽缸效率测试功能是根据汽车发动机各缸间歇工作造成转速微观波动的特点,来告诉采集各缸点火的间隔时间,通过计算各缸点火的间隔时间,求出各单缸的瞬时转速与平均转速之差值,作为判断各汽缸工作能力及比较各缸工作均匀性的指标。

与动力平衡相比,汽缸效率测试不必进行断缸测试,因而不会发生排气温度过高及催化转换酶中毒的情况,更适合于电子燃油喷射的车辆。

(1)测试前的连接。

将次级高压适配器与一缸信号适配器夹到相应的高压线上。不同点火形式的连接方法请参照"次级点火信号"的相关部分。

(2)测试。

在"汽油机测试菜单"中点击"汽缸效率分析"图标,系统即进入测试状态。

6)起动电流、电压测试

(1)测试前的连接。

在测试之前,须将大电流钳测试线夹在与蓄电池电瓶相连的电动机电流线上(大电流钳测试线箭头的指向应与电流的流向相同),将蓄电池充电电压测试线的红夹、黑夹分别夹在蓄电池的正、负极,将一缸信号适配器夹在一缸高压线上,如图3-13所示。

(2)测试。

在汽油机测试菜单中点击"起动电压、起动电流"图标,进入起动电压、起动电流测试界面。点击"测试",起动发动机,系统即可自动检测起动电压、起动电流波形并显示发动机当前转速、蓄电池电压值、起动电压值、起动电流值。

7)充电电流、电压测试

(1)测试前的连接。

在检测之前,须将充电电压探针接在汽车发电机的正极,将蓄电池充电电压测试线的红夹、黑夹分别夹在蓄电池的正、负极,将小电流测试线夹在与蓄电池相接的充电电流线上(小电流测试线上箭头的指向应与电流的流向相同),将一缸信号适配器夹在一缸高压线上,如图3-14所示。

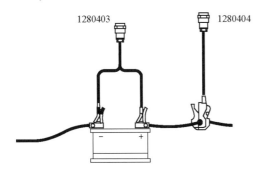

图3-13 大电流钳测试线和蓄电池充电电压测试线接线示意图

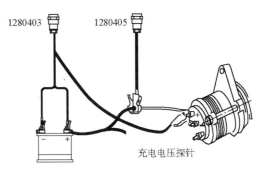

图3-14 小电流钳测试线和蓄电池电压充电电压测试线接线示意

(2)测试。

在汽油机测试菜单点击"充电电压、充电电流"图标,即进入充电电压、充电电流测试界面。点击"测试"图标("测试"图标被按下后变成"停止",若想停止该项操作,再点击此图标即可),系统即可自动检测充电电压波形并显示发动机当前转速、蓄电池电压值、充电电流值。

8)汽缸相对压缩压力测试

(1)测试前的连接。

测试时的连接方法同起动电流、电压测试一样。

(2)测试。

点击"测试"图标("测试"图标被按下后即变为"停止",若想停止该项操作,再点击此图标即可),系统进入测试状态;如汽车已经起动,则会弹出对话框,提示用户先关闭发动机。

起动发动机,系统测试完毕将自动显示发动机起动转速、蓄电池电压值、汽缸相对压缩压力直方图及起动电流波形。右侧坐标系内起动电流波形上方对应标出各缸起动电流峰值,左侧为汽缸相对压缩压力的百分比值的直方图。

9)进气管真气度波形

(1)测试前的连接。

在检测前,将进气压力测试线(1280407)上的橡胶软管通过三通连接到发动机真空管的接头处,将一缸信号适配器夹在一缸高压线上,如图3-15所示。

(2)测试。

在"汽油机测试菜单"中点击"进气管

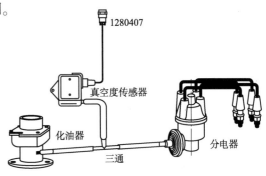

图3-15 进气压力测试线接线示意图

真空度"图标,进入进气管内真空度测试状态。

10) 温度测量

(1) 测试前的连接。

将温度测试线分别插入进气管口、机油尺口和冷却水箱口中。

(2) 测试。

在"汽油机测试菜单"中点击"温度测量"图标,系统即进入温度测试状态,并显示所测部位的温度及发动机的转速。

11) 废气分析

检测条件要求起动发动机,使之工作温度正常。

(1) 测试前的连接。

使废气分析仪通过主机 RS-232 接口与 EA3000 正常联机。将废气测试管插入汽车排气管中。

(2) 测试。

在"汽油机测试菜单"中点击"废气分析"图标,系统即进入废气检测功能,默认界面为折线图。

12) 转速稳定性分析

(1) 测试前的连接。

将一缸信号适配器夹在一缸高压线上。

(2) 测试。

在"汽油机测试菜单"下点击"转速稳定性分析"图标,系统即进入转速测试状态,并显示发动机的实时转速及在 32 个循环内的最高、最低转速;用户也可自行输入平均循环数值。

13) 无外载测功

(1) 测试前的连接。

将一缸信号适配器夹夹在一缸高压线上。

(2) 测试。

在"汽油机测试菜单"下点击"无外载测功"图标,系统即进入无外载测功测试界面,或点击"方式选择"图标选择 $P$ 进入无外载测功界面。设定怠速转速 $n_1$(发动机怠速转速)、额定转速 $n_2$(发动机额定转速)和当量转动惯量(一般小型车的当量转动惯量在 0.1 ~ 0.5 之间,大货车的当量转动惯量在 1.0 ~ 5.0 之间)。记数为零时,迅速踩下汽车加速踏板,使发动机尽可能地将转速迅速提高,当发动机转速超过设定的额定转速 $n_2$ 时,迅速松开加速踏板,使发动机回到怠速工况,系统将自动检测发动机的输出功率并显示。其中加速时间是指发动机从怠速加速到额定转速的时间。额定功率是指发动机在额定转速时的瞬时功率。

14) 转速(相位)传感器检测

(1) 测试前的连接。

在检测前,用通用探针测试线连接转速传感器输出信号线,将一缸信号适配器

(1280406)夹在一缸高压线上。

(2)操作说明。

在"发动机电控参数"菜单下点击"转速(相位)"传感器图标,系统可进入转速传感器测试界面并显示所测得的转速传感器波形。

15)温度传感器检测

(1)测试前连接。

将通用探针测试线连接到温度传感器输出信号线上。

(2)操作说明。

在"电控发动机参数"菜单下点击"温度传感器检测",系统即进入温度传感器测试界面并显示所测得的相应温度传感器电压数值。

16)进气管真空度传感器检测

(1)测试前的连接。

将通用探针测试线连接到真空度传感器输出信号线上,将一缸信号适配器夹在一缸高压线上。

(2)操作说明。

在"电控发动机参数"菜单下点击"进气管真空度",系统即进入进气管真空度传感器测试界面并显示所测得的近期传感器波形。

17)节气门位置传感器检测

(1)测试前的连接。

用通用探针测试线连接节气门位置传感器输出信号线。将一缸信号适配器夹在一缸高压线上。

(2)操作说明。

在"电控发动机参数"菜单下点击"节气门位置"图标,系统即可进入节气门位置传感器测试界面,并显示所测得的节气门位置传感器波形。

18)爆震信号传感器检测

(1)测试前的连接。

用通用探针测试线连接爆震信号传感器输出信号线。将一缸信号适配器夹在一缸高压线上。

(2)操作说明。

在"电控发动机参数"菜单下点击"爆震信号"图标,系统即可进入爆震信号传感器测试界面,并显示所测得的爆震传感器波形。

19)氧传感器检测

(1)测试前的连接。

用通用探针测试线连接氧传感器输出信号线。将一缸信号适配器夹在一缸高压线上。

(2)操作说明。

在"电控发动机参数"菜单下点击"氧传感器"图标,系统即可进入氧传感器测试界面,并显示所测得的氧传感器波形。

20）空气流量传感器检测

(1) 测试前的连接。

用通用探针测试线连接空气流量传感器输出信号线。将一缸信号适配器夹在一缸高压线上。

(2) 操作说明。

在"电控发动机参数"菜单下点击"空气流量"图标，即可进入空气流量传感器测试界面，并显示所测得的空气流量传感器波形。

21）喷油脉冲检测

(1) 测试前的连接。

用通用探针测试连接喷油脉冲传感器输出信号线。将一缸信号适配器夹在一缸高压线上。

(2) 操作说明。

在"电控发动机参数"菜单下点击"喷油脉冲信号"图标，系统即可进入喷油脉冲传感器波形测试界面，并显示所测得的喷油脉冲传感器波形。

22）车速传感器检测

(1) 测试前的连接。

用通用探针测试线连接车速传感器输出信号线。将一缸信号适配器夹在一缸高压线上。

(2) 操作说明。

在"电控发动机参数"菜单下点击"车速"图标，系统即可进入车速传感器测试界面，并显示所测得的车速传感器波形。

使用发动机综合性能检测仪检测发动机其他项目的方法和步骤，可参阅使用说明书进行。

### 三 学习拓展

使用 EA3000 型汽车发动机综合性能检测仪进行柴油发动机的相关检测。

**1 柴油机喷油压力检测**

在测试前，请按图 3-16 所示的方法把柴油机喷油压力测试线及搭铁线（1280402）夹在柴油机的某一缸高压油管上，起动发动机。

在"柴油机"菜单下点击"喷油压力"，进入柴油机喷油压力测试界面。

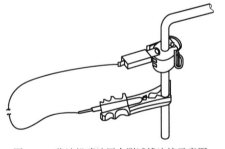

图 3-16　柴油机喷油压力测试线连接示意图

**2 柴油机喷油提前角**

(1) 测试前的连接。

在检测前，把柴油机喷油压力测试线及搭铁线夹夹在一缸高压油管上。

(2) 测试。

起动发动机，选定柴油机喷油提前角功能，取下频闪灯，按下频闪灯电源按钮，将频闪灯对准飞轮或皮带轮上一缸上止点标志，通过调整频闪灯上的电位器，改变频闪相位，使闪光灯相位前后移动,当看到标志不动时,系统显示的角度值即为喷油提前角。

### ❸ 起动电压、电流测试

(1) 测试前的连接。

在测试之前,须将大电流钳测试线(1280404)夹在与蓄电池相连的电动机电流线上(大电流钳测试线上箭头的指向应与电流的流向相同),如图3-17所示。

(2) 测试。

在"柴油机"菜单下点击"起动电流、电压"图标,进入起动测试界面。点击"测试"("测试"图标被按下后即变为"停止",若想停止该项操作,再点击此图标即可),起动发动机,系统即可自动检测起动电压、起动电流波形并显示发动机当前转速、蓄电池电压值、起动电压值、起动电流值。

### ❹ 充电电压、电流测试

(1) 测试前的连接。

将蓄电池充电电压测试线的红夹、黑夹分别夹在蓄电池的正、负极。充电电压探针插在汽车发电机正极,将小电流钳测试线夹在与蓄电池相连的充电电流线上(小电流钳测试线箭头的指向应与电流的流向相同),如图3-18所示。

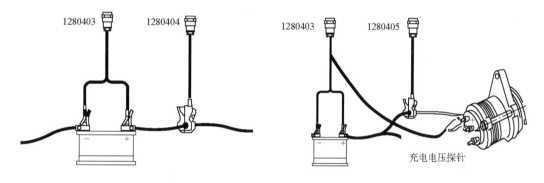

图3-17 大电流钳测试线连接示意图　　图3-18 充电测试连接示意图

(2) 测试。

在"柴油机"菜单下点击"充电电流、电压",进入充电测试界面。点击"测试"("测试"图标被按下后即变为"停止",若想停止该项操作,再点击此图标即可),系统即可自动检测充电电压波形、充电电压值并显示发动机当前转速、蓄电池电压值、充电电流值。

### ❺ 自由加速烟度

(1) 测试前的连接。

将烟度计通信电缆接到主机RS232通信接口,起动发动机使其达到正常工作温度,将温度测试线插入排气管中。

(2) 测试。

点击"测试"("测试"图标被按下后即变为"停止",若想停止该项操作,再点击此图标即可),系统即可测得自由加速烟度。"显示菜单"和"保存数据"的操作同前。点击"帮助"图标可进入帮助系统查看相关数据。

### 6 转速稳定性

（1）测试前的连接。

将柴油机喷油压力测试线夹在一缸高压油管上，起动发动机。

（2）测试。

在"柴油机"菜单下点击"转速稳定性分析"图标，系统即进入转速测试状态，并显示发动机在实时转速及在 32 个循环内的最高、最低转速；用户也可自行输入平均循环数值。

### 7 无外载测功

（1）测试前的连接。

将柴油机喷油压力测试线架在一缸高压油管上。

（2）测试。

在"柴油机测试"菜单下点击"无外载测功"图标，系统即进入无外载测功测试界面，设定怠速转速 $n_1$、额定转速 $n_2$ 和当量转动惯量（一般小型车的当量转动惯量在 0.2～0.5 之间，货车的当量转动惯量在 2.0～5.0 之间）。点击"方式选择"图标选择测功 $P$ 还是测当量转动惯量 $J$。点击"测试"，系统开始倒记数（"测试"被点击后变为"停止"，再次按下后"停止"恢复为"测试"，且系统停止测试）。记数为零时，迅速踩下汽车加速踏板，使发动机尽可能快地将转速提高，当发动机转速超过设定的额定转速 $n_2$ 时，松开加速踏板，使发动机自然回到怠速工况，系统将自动检测发动机的加速时间及输出功率或转动惯量并显示参数。

## 四 评价与反馈

### 1 自我评价

（1）通过本学习任务的学习你是否已经知道以下问题：

①发动机综合性能检测仪可以检测哪些项目？

_____

②进行发动机综合性能检测仪操作过程中应注意哪些问题？

_____

（2）发动机综合性能检测仪的操作流程有哪些？

_____

（3）在维护发动机综合性能检测仪时应进行哪些工作？

_____

（4）通过本学习任务的学习，你认为自己的知识和技能还有哪些欠缺？

_____

签名：_____　　_____年____月____日

## 项目二　汽车动力性能检测设备的使用与维护

**❷ 小组评价**（表3-1）

小 组 评 价 表　　　　　　　　　　　　　表3-1

| 序号 | 评价项目 | 评价情况 |
|---|---|---|
| 1 | 着装是否符合要求 | |
| 2 | 是否能合理规范地使用仪器和设备 | |
| 3 | 是否按照安全和规范的流程操作 | |
| 4 | 是否遵守学习、实训场地的规章制度 | |
| 5 | 是否能保持学习、实训场地整洁 | |
| 6 | 团结协作情况 | |

参与评价的同学签名：_____　　_____年___月___日

**❸ 教师评价**

_____

教师签名：_____　　_____年___月___日

### 五　技能考核标准

根据学生完成实训任务的情况对学习效果进行评价，技能考核标准见表3-2。

技能考核标准表　　　　　　　　　　　　　表3-2

| 序号 | 项目 | 操作内容 | 规定分 | 评分标准 | 得分 |
|---|---|---|---|---|---|
| 1 | 课前准备 | 个人工作服着装清洁整齐 | 5分 | 个人劳动保护有效得5分，否则扣1～5分 | |
| | | 课前分组集队整齐迅速 | 5分 | 课前分组集队整齐迅速得5分，否则扣1～5分 | |
| 2 | 发动机综合检测仪的使用 | 预热并检查仪器 | 10分 | 预热并检查仪器得5分，否则扣1～5分 | |
| | | 启动检测仪，根据检测仪提示输入相应各项数据 | 15分 | 能启动检测仪，根据检测仪提示输入相应各项数据得15分，否则扣1～15分 | |
| | | 根据选定测试项目进行测试仪器安装 | 20分 | 根据选定测试项目进行测试仪器安装得20分，否则扣1～20分 | |
| | | 测试完成后输出检测报告 | 10分 | 完成后输出检测报告得10分，否则扣1～10分 | |
| 3 | 发动机分析仪的维护 | 正确准备检测场地 | 10分 | 正确准备测量场地得10分，否则扣1～10分 | |
| | | 正确叙述测试环境、人员要求 | 10分 | 能叙述测试环境、人员要求得10分，否则扣1～10分 | |
| | | 会根据测试项目准备好安全设施 | 10分 | 会根据测试项目准备好安全设施得10分，否则扣1～10分 | |
| 4 | 现场管理 | 整个操作过程现场布局、清理、清扫整理 | 5分 | 现场管理整洁有序得5分，否则扣1～5分 | |
| | | 总　　分 | 100分 | 得　　分 | |

# 项目三 汽车燃油经济性能检测设备的使用与维护

## 学习任务4　汽车燃油消耗仪的使用与维护

**学习目标**

★ 知识目标
1. 了解汽车燃油消耗仪的检测参数;
2. 理解燃油消耗仪的结构原理。

★ 技能目标
1. 会操作燃油消耗仪进行燃油经济性检测;
2. 会对燃油消耗仪进行检查和维护。

建议课时

4课时。

任务描述

某品牌汽车厂家新推出一款车型用作出租汽车,厂家标注该车综合油耗为百公里6.3L。某出租汽车公司采购一批该车投入运营,运营约2万km后,发现燃油消耗偏高,该出租车公司委托检测站对其进行油耗检测,以检测其油耗是否与原厂标注相符。现该车已停放在你所负责的工位,请你正确使用燃油消耗仪对其进行油耗检测。

**一　理论知识准备**

汽车在保证动力性的条件下,以尽量少的燃油消耗量经济行驶的能力,称为汽车的燃油经济性。汽车燃油经济性受到各国政府、汽车制造业、汽车使用者的高度重视。汽车燃油经济性用等速百公里油耗、循环行驶工况油耗量来评价,油耗计通过道路试验或台架试验进行测量。

### ❶ 等速百公里油耗

等速百公里油耗是指汽车在一定载荷下,以最高挡在水平良好路面上等速行驶100km的燃油消耗量。常测出每隔10km/h速度间隔的等速百公里油耗 $Q_s$,然后在图上连成曲线,称之为等速百公里燃油消耗曲线(见图4-1),并用它来评价汽车的燃油经济性。在我国及欧洲用 $L/100km$ 作为燃油经济性单位,在美国其燃油经济性指标为 MPG,指的是每加仑燃油能行驶的英里数,这个数值越大,其燃油经济性越好。

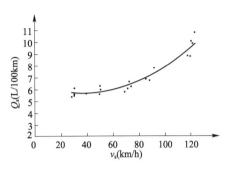

图 4-1 汽车等速百公里燃油消耗量曲线

### ❷ 循环行驶工况油耗量

由于等速行驶工况所得出的燃油消耗量并非实际工况所表现出来的油耗量,特别是在城市道路行驶中会频繁出现加速、减速、怠速、停车等行驶工况,使得两者所表现的油耗量差异较大。因此,在对实际行驶车辆进行跟踪测试系统统计的基础上,各国都制定了一些经典的循环行驶试验工况来模拟实际汽车的运行状况,并以其百公里燃油消耗量(或 MPG)来评定相应行驶工况的燃油经济性,称之为循环工况行驶油耗量。

图4-2、图4-3分别为我国法定的商用车和城市客车测定燃油经济性的循环行驶工况图。循环工况规定了车速—时间行驶规范,包括何时换挡、何时制动以及行车的速度和加速度等数值。由于轿车的试验的工况较繁复,在路上试验比较困难,因此一般规定在室内汽车底盘测功机上进行测试。

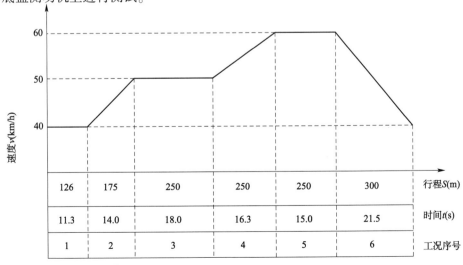

图 4-2 商用车循环行驶工况图(六工况图)

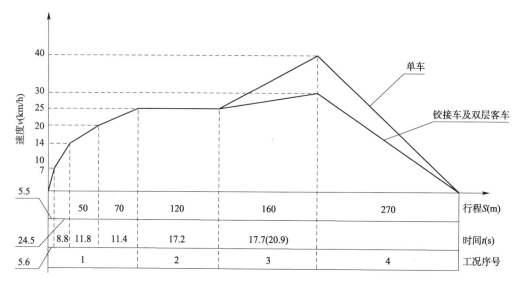

图4-3 城市客车循环行驶工况图(四工况)

### 3 燃料消耗量国家标准

我国控制乘用车燃料消耗量的第一个强制性国家标准——《乘用车燃料消耗量限值》(GB 19578—2004),于2004年9月2日经国家质检总局和国家标准委员会批准发布,2005年7月1日正式实施。2012年,工业和信息化部组织全国汽车标准化技术委员会(以下简称"汽标委")启动了乘用车燃料消耗量第四阶段标准(2016~2020年)的制订工作。在对我国现行标准实施情况、节能技术潜力及经济成本研究分析的基础上,经广泛征求意见,形成了第四阶段标准方案。《乘用车燃料消耗量限值》(GB 19578—2014)和《乘用车燃料消耗量评价方法及指标》(GB 27999—2014)已于2014年12月22日正式发布,该标准适用于以点燃式和压燃式发动机为动力,最大设计车速大于或等于50km/h,最大设计总质量不超过3500kg 的M类车辆(包括驾驶员座位在内,座位数不超过9座位的载客汽车)。该标准按照整车装备质量规定了乘用车燃料消耗量的限值(见表4-1)将于2016年1月1日起实施。

乘用车燃料消耗量限值(L/100km)　　　表4-1

| 整车装备质量 $CM$(kg) | 第四阶段 | 整车装备质量 $CM$(kg) | 第四阶段 |
| --- | --- | --- | --- |
| $CM \leq 750$ | 5.2 | $1540 < CM \leq 1660$ | 8.1 |
| $750 < CM \leq 865$ | 5.5 | $1660 < CM \leq 1770$ | 8.5 |
| $865 < CM \leq 980$ | 5.8 | $1770 < CM \leq 1880$ | 8.9 |
| $980 < CM \leq 1090$ | 6.1 | $1880 < CM \leq 2000$ | 9.3 |
| $1090 < CM \leq 1205$ | 6.5 | $2000 < CM \leq 2110$ | 9.7 |
| $1205 < CM \leq 1320$ | 6.9 | $2110 < CM \leq 2280$ | 10.1 |
| $1320 < CM \leq 1430$ | 7.3 | $2280 < CM \leq 2510$ | 10.8 |
| $1430 < CM \leq 1540$ | 7.7 | $2510 < CM$ | 11.5 |

### 项目三 汽车燃油经济性能检测设备的使用与维护

#### ❹ 燃油消耗仪结构原理

燃油消耗量的测定方法可采用容积法、质量法、速度法和碳平衡法等多种方法。前三种均是采用各种形式不同的燃油消耗仪,而碳平衡法是通过排气分析仪对汽车排气污染物中的 $CO$、$CO_2$ 和 $HC$ 体积排放测量的分析,间接得出燃油消耗量的方法。

1)容积法

(1)测量原理。

容积式燃油消耗仪分为定容式和容量式两种。定容式燃油消耗仪是通过测定消耗一定容量的燃料所需时间来计算油耗量。容量式燃油消耗仪是通过测定一定时间内消耗的燃油容积。

(2)行星活塞式燃油消耗仪。

行星活塞式燃油消耗仪由滤清排气装置、四活塞联动式流量传感器、路程传感器、测量仪表和快速连接接头等组成,如图4-4所示。

图4-4 行星活塞式燃油消耗仪组成

①滤清排气装置为保护油耗计,燃油在进入油耗传感器前须滤清,滤清器滤芯用陶土制成,在滤芯中心装有磁环,以加强对燃料中金属杂质的滤清效果。

②四活塞联动式流量传感器。四活塞联动式流量传感器由流量/转速变换部和转速/脉冲信号变换部等组成,如图4-5所示。

流量/转速变换部是将一定容积的燃油流量变为曲轴的旋转运动。燃油在泵油压力作用下,推动活塞运动做往复直线运动,四个活塞共同带动小曲轴转动,从而将燃油流量变为曲轴的旋转运动。

转速/脉冲信号变换部是通过光栅,经光电变换将曲轴的旋转运动变换为脉冲电信号。

曲轴每旋转一周,四个活塞各往复运动一次,完成一个进排油循环。各缸分别排油一次,其排油量可用下式确定:

$$V = 4 \cdot \pi \frac{d^2}{4} \cdot 2h = 2\pi d^2 h$$

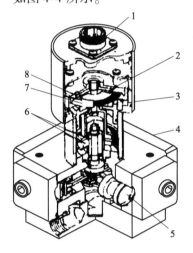

图4-5 四活塞联动式流量传感器
1-信号端子;2-转动光栅;3-转速/脉冲变换部;4-流量/转速转换部;5-活塞;6-磁性联轴器;7-固定光栅;8-光敏管LED(对置)

式中:$V$——四缸排油量,$cm^3$;
　　　$d$——油缸直径,$cm$;
　　　$h$——曲轴偏心距,$cm$。

③测量仪表。测量仪表用单片机(如MCS-51)为控制单元,硬件电路包括:流量传感器信号的隔离整形电路、路程传感器信号的测量电路、单片机及外围电路、键盘及LED显

示电路、串口通信电路等。通过流量传感器信号和测量仪表的定时装置信号,按容量式燃油消耗仪公式计算得到燃油消耗量(kg/h)。通过流量传感器信号和路程传感器信号可计算得到百公里油耗值。

2)质量式燃油消耗仪工作原理

质量式燃油消耗仪由称量装置、计数装置和控制装置构成,如图4-6所示。

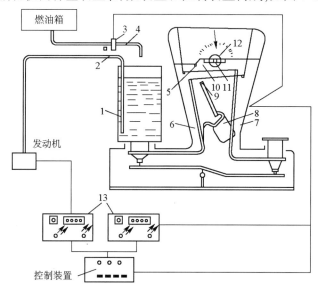

图4-6 质量式油耗计

1-油杯;2-出油管;3-电磁阀;4-加油管;5、10-光敏二极管;6、7-限位开关;8-限位器;9-光源;11-鼓轮机构;12-鼓轮;13-计数器

质量式燃油消耗仪测量消耗一定质量的燃油所用的时间,燃油消耗量可按下式计算:

$$G = \frac{3.6W}{t}$$

式中:$W$——燃油质量,g;

$t$——测量时间,s;

$G$——燃油消耗量,kg/h。

在称量装置的秤盘上装有油杯(1),燃油经电磁阀(3)加入油杯。电磁阀的开闭由装在平衡块上的行程限位器(8)拨动两个微型限位开关(6和7)进行控制。光电传感器由两个光敏二极管(5、10)和装在棱形指针上的光源(9)组成,用于给出油耗始点和终点信号。光敏二极管(5)为固定式、光敏二极管(10)装在活动滑块上,滑块通过齿轮齿条机构移动,齿轮轴与鼓轮(12)相连,计量的燃油量通过转动鼓轮(12)从刻度盘上读出。计量开始时,光源(9)的光束射在光敏二极管(5)上,光敏二极管发出信号使计数器(13)开始计数,随着油杯中燃油的消耗,指针移动。当光束射到光敏二极管(10)上时,光敏二极管(10)发出信号,使计数器停止计数。

3)碳平衡法

汽(柴)油经过发动机燃烧后,根据质量守恒定律,排气中碳质量总和与燃烧前的燃油中碳质量总和相等。碳原子在汽(柴)油车排气中主要以 $CO_2$、$CO$ 和碳氢化合物(以

## 项目三 汽车燃油经济性能检测设备的使用与维护

$CH_x$ 表示)的形式存在。因此,碳平衡法是通过废气分析仪对尾气中 $CO$、$CO_2$ 和 HC 体积排放测量的分析,得到排气中单位里程内的 C 元素含量,再与所用汽油中 C 元素含量相比而间接得出燃油消耗量的方法。这种方法可用于路试油耗的测量中,且不需要在汽车油路中串接燃油消耗仪,避免了由于回油量大而影响测量精度的问题。碳平衡油耗计算法是目前国际上通行的实验室内车辆工况法油耗试验方法。

### 二 任务实施

**1 准备工作**

(1)将待检车辆停放在维修区域,车辆轮胎气压应符合各自的规定值(出厂标准),检查并清除轮胎上的油污、水渍和嵌入的石子、杂物等。

(2)检查油耗计配件是否齐全。

(3)滚筒式底盘测功实验台应预热至正常温度,油耗仪和气体分离器的安装位置应正确。

**2 技术要求与注意事项**

(1)发动机冷却液温度应在稳定范围内,温度过高时应采用冷却风扇降温。

(2)正确连接油耗仪传感器,油耗传感器所用油管应透明、耐油、耐压,油管接头用合格的环形夹箍,不顶用铅丝缠绕,并确保无渗漏,注意排除油路中的空气泡。

(3)测试车速、挡位、载荷、试验循环应满足国标要求。

(4)被测车辆旁边应配备性能良好的灭火器。

(5)拆卸油管时,必须用沙盘接油,不允许用面纱或其他易燃物接油,不允许燃油流到发动机排气管上。

(6)仪器应在平稳、少振动场合使用。并应避免冲击。

(7)耗秤与控制显示器连接电缆最长不超过 20m。

(8)测试时,发动机舱盖应打开,以便观察有无渗漏现象,测试完毕安装好原管路后起动发动机,在确保无任何渗漏时,方可盖上发动机舱盖。

**3 操作步骤**(以等速燃料消耗量的试验方法为例)

(1)油耗秤的安装。

将油耗秤置于一平稳无振动工作台上,油耗秤必须高于地面 1.5m,日用油箱高于油耗秤 2m,日用油箱与油耗秤之间必须安装滤清器,仪器设有溢油管,用于仪器发生故障时,油杯燃油大于设定值时的燃油溢出。油耗秤需要一个单独的交流电源 220V。油耗秤接上电源,打开电源开关后秤的电源指示灯点亮,这样油耗秤方能与控制显示器一起工作。

(2)控制显示器的安装。

控制显示器可安放在油耗秤附近,也可安放在控制室的控制台上。控制显示器与油耗秤连接电缆长度一般 10m,如需加长最长不超过 20m。控制显示器安装应避免强磁场的干扰,整个仪器的电源应避免和动力电合用,一般使用照明电为最佳。

(3)转速传感器的安装和齿数设置。

齿数设置,采用二进制拨盘输入方法,二进制编码输入拨盘位于仪器内部,共有 8 个拨盘,按序号 1~8 对应二进制位 D0~D7。当某键置于"ON"位置,则该二进制位为"1",相反则为"0"。将传感器每转脉冲数换算成相应二进制码用拨盘输入仪器。

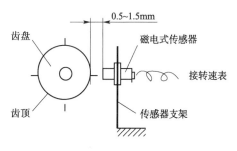

图 4-7 传感器的安装示意图

传感器的安装,如果采用齿盘获得转速信号方法,要求传感器头部正对齿盘的齿面,并且齿盘在转动时不得偏心,传感器不得振动以免产生干扰调制信号,影响测量精度。传感器的安装如图 4-7 所示。

(4)先在不接通供油情况下,仪器进行校验,接通油耗秤和控制显示器的电源开关,应听到油耗秤电磁阀的吸合声,控制器上加油指示灯点亮。依次按功能切换键切换到电压挡,电压指示灯点亮,电磁阀释放,加油指示灯熄灭。此时,耗油量显示窗口显示某组电压值,该值即为油耗秤的初始零点。开机约 5min 后,初始零点值应很稳定,这一点是本仪器正常工作的前提。如初始零点不稳定,这说明供电系统存在严重干扰,此时应关闭整台仪器电源,重新安排供电电源。可采用接地良好的 220V 交流电或用照明电供电等办法来改善,直至初始零点显示稳定为止。

(5)随后可打开油耗秤顶盖,用手轻轻地按一下砝码盘,如此时显示数值增大后又恢复到初始零点值,这说明整台仪器工作正常,燃油消耗仪即可通油投入正常使用。接通供油后,按功能切换键至测量指示灯亮,仪器自动加油,加油指示灯亮。加到油杯所设定的重量,加油指示灯熄灭,准备工作指示灯被点亮。片刻测量指示灯点亮,仪器已进入正常测量状态,准备指示灯熄灭,此时发动机消耗油杯内燃油。当测量指示灯熄灭准备工作灯点亮,仪器即刻显示所设定时间内的耗油量(g)。当发动机有回油时,则须打开油耗秤内的回油球阀,接通回油管便可工作。

(6)汽车开上滚筒式底盘测功试验台,落下举升机平板,逐挡加速至直接挡,同时给滚筒加载,使车辆模拟道路行驶,直至达到规定的试验车速。

(7)待规定的车速稳定后,测量等速通过 500m 行程的时间(s)和燃料消耗量(mL)。同一试验车速连续测量 2 次,等速燃油消耗量取算术平均值。

试验车速从 20km/h 开始(最小稳定车速高于 20km/h 时,可以从 30km/h 开始),以车速 10km/h 的整数倍均匀选取车速,直至最高车速的 90%,至少测定 5 个试验车速。

(8)根据通过的行程和时间,计算出实际试验车速;根据通过的行程和燃料消耗量,计算出等速百公里燃料消耗量。

(9)油耗测量数据的采集。

在汽车技术等级评定油耗检测的台架方法中,其油耗数据的重复性按公式:

$$\frac{Q_{1max} - Q_{1min}}{Q_{AV}} \leq 2\%$$

式中:$Q_{1max}$——台架方法中最大百公里耗油量;

$Q_{1\min}$——台架方法中最小百公里耗油量;

$Q_{AV}$——平均油耗。

即50km/h的工况必须测其3个数据,取均值且满足于上式,则$Q_{AV}$定为该车检测到的实际耗油量。如果发现数据重复性达不到上述要求,必须排除仪器及发动机或底盘的有关故障后重新进行测量。然后以标准的$Q_{AV}$与厂方给出的油耗$Q_0$比较:一级车$Q_{AV} \leq Q_0$;二级车$Q_0 < Q_{AV} \leq 1.1Q_0$;三级车为$Q_{AV} > 1.1Q_0$。

(10)以实际试验车速为横坐标,燃料消耗量为纵坐标,绘制等速燃料消耗量散点图,根据散点图绘制等速燃料消耗量特性曲线,并分析判断燃料供给系、发动机及整车的技术状况。

### 4 油耗仪连接及排除空气

检测油路的连接与排除油路中空气泡,合理布置检测油路与排净油路中气泡对保证检测准确性是至关重要的问题。

1)油路的连接

图4-8所示为油耗传感器在汽油车中的连接方法。这种连接方法的主要特点是把油耗传感器串联在发动机进油管中。图4-9所示为油耗传感器在柴油车中的连接方法。这种连接方法的主要特点是把油耗传感器串联在油箱到高压油泵的油路当中。值得注意的是应该为其接好回油管路,并且必须把回油管路接在油耗传感器的出口管路上,以免燃油被油耗传感器重复计量使油耗检测数据失真。图4-9的连接方法在小流量测试时没有问题,但在大流量的发动机测量时,由于气穴现象产生气泡,引起测量误差,所以应在油箱和油耗传感器之间装上辅助油泵(图4-10)。

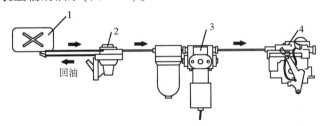

图4-8 油耗传感器在汽油车中的连接
1-油箱;2-燃油泵;3-油耗传感器;4-化油器

2)汽油路中空气泡的排除

排除汽油车检测油路中的空气泡是一件很费时的工作,尤其当管路中存在堵塞或泄漏情况时,将使空气泡无法彻底排尽。空气泡一旦产生,其对油耗检测结果的影响非常大,油耗传感器会把空气泡所占的容积当作燃油消耗量计量,使得检测数据高于实际数,这样会造成测量值的失真。

(1)空气泡产生的原因通常是:

①拆装油管时,原本充盈的油管产生滴漏现象,使得油管装好后里面充满空气泡;

②连接油管时,由于夹箍没夹好,接头处造成渗漏,形成空气泡;

③汽油泵进油阀皮碗老化,密封性下降,造成供油压力不足,不断形成空气泡;

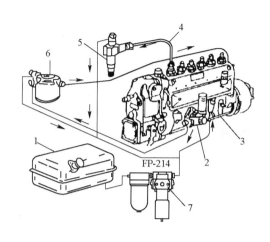
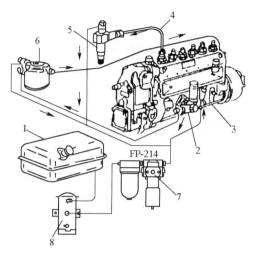

图4-9 油耗传感器在柴油车中的连接1
1-油箱;2-输油泵;3-喷油泵;4-油管;5-喷油嘴;6-滤清器;7-油耗传感器

图4-10 油耗传感器在柴油车中的连接2
1-油箱;2-输油泵;3-喷油泵;4-油管;5-喷油嘴;6-滤清器;7-油耗传感器;8-辅助泵

④由于发动机过热,形成气阻产生空气泡;
⑤从油箱到汽油泵这一段管路局部存在老化、密封性差,不断产生空气泡;
⑥汽油滤清器堵塞或油箱盖上气孔被堵塞,造成汽油泵泵油时形成"真空",产生空气泡。
(2)做油耗检测时必须排除空气泡,通常可采取如下方法:
①把车上从油箱到汽油泵的管路"短路",装上新的、密封性好的、无堵塞的油管;
②用性能较稳定的电动汽油泵和汽油滤清器代替原车相应部件;
③减短油泵到传感器的油管长度,使油泵到油耗传感器的阻力大大减小。
3)柴油路中空气泡的排除

在柴油车油路中装好油耗传感器后,须用手动泵泵油,以泵油压力排除油路中的空气泡,它与汽油车差别之一在于汽油车可以在起动后排除空气泡,而柴油车必须在起动之前排尽油路中的空气泡;差别之二在于汽油车在拆去油耗传感器恢复其原油路时,无须排除空气泡,而柴油车在拆去传感器恢复原油路后仍需排除油路中刚产生的空气泡。

## 三 学习拓展

由于汽车油耗仪的使用频率较高,为了保证其检测数据的公正性和确保其检测精度,必须有专人维护保管,而且应每年进行计量检定。行星活塞式油耗仪在维护不当时一般有以下两种最常见的故障。

### 1 油耗传感器活塞在传感器缸体中卡死

此故障多发生在使用不干净燃油做油耗试验的过程中,由于燃油中有微小颗粒(异物),如果没有清除干净,小颗粒通过油耗传感器入口进入缸内,再由活塞运动到达缸壁,容易形成拉缸或卡死现象,故一定要在传感器入口前安装一个燃油滤芯防止异物进入油耗仪,而且在不使用油耗计的情况下,在其进出油口加套保护,并且保证其表面清洁。

## 项目三　汽车燃油经济性能检测设备的使用与维护

### ❷ 油耗传感器无脉冲信号

此故障多发生在传感器被强烈碰撞后,其机械部分尚能正常工作,但无脉冲信号输出。这是由于传感器壳体上部的从动磁铁与下部的主动磁铁之间的磁场相位因外力而发生变化,故无脉冲信号输出,所以一定要在检测油耗时固定住油耗传感器,以防止发生碰撞后出现上述故障。如果发生上述故障,只需备用一块磁铁在油耗传感器外部顺时针方向旋转几次即可恢复传感器内原磁场相位。

### 四　评价与反馈

#### ❶ 自我评价

(1)通过本学习任务的学习你是否已经知道以下问题:

①测定汽车燃油经济性的测试方法可分为几种?

_____

②在限定条件下的平均使用燃料量试验,建议轿车、铰接客车的试验车速为多少?

_____

(2)操作油耗仪时,操作流程有哪些步骤?

_____

(3)油耗仪在维护保养时应进行哪些工作?

_____

(4)通过本学习任务的学习,你认为自己的知识和技能还有哪些欠缺?

_____

签名:_____　　　　__年__月__日

#### ❷ 小组评价(表4-2)

小组评价表　　　表4-2

| 序号 | 评价项目 | 评价情况 |
| --- | --- | --- |
| 1 | 着装是否符合要求 | |
| 2 | 是否能合理规范地使用仪器和设备 | |
| 3 | 是否按照安全和规范的流程操作 | |
| 4 | 是否遵守学习、实训场地的规章制度 | |
| 5 | 是否能保持学习、实训场地整洁 | |
| 6 | 是否团结协作开展任务实施 | |

参与评价的同学签名:_____　　__年__月__日

#### ❸ 教师评价

_____

教师签名:_____　　　　__年__月__日

## 五 技能考核标准

根据学生完成实训任务的情况对学习效果进行评价。技能考核标准见表4-3。

技能考核标准表　　　　　　　表4-3

| 序号 | 项目 | 操作内容 | 规定分 | 评分标准 | 得分 |
|---|---|---|---|---|---|
| 1 | 课前准备 | 个人工作服着装清洁整齐 | 5分 | 劳动保护整洁有效得5分,否则扣1~5分 | |
| | | 课前分组集队整齐迅速 | 5分 | 集队整齐迅速得5分,否则扣1~5分 | |
| 2 | 油耗仪的使用 | 待测车辆检查 | 5分 | 能对待测车辆检查得5分,否则扣1~5分 | |
| | | 油耗仪及周围环境检查 | 10分 | 能对油耗仪及周围环境检查得10分,否则扣1~10分 | |
| | | 油耗仪的安装 | 10分 | 能油耗仪的安装得10分,否则扣1~10分 | |
| | | 底盘测功机检查 | 10分 | 能对底盘测功机检查得10分,否则扣1~10分 | |
| | | 不同车速燃油消耗量的测试 | 20分 | 能对不同车速燃油消耗量的测试得20分,否则扣1~20分 | |
| | | 绘制等速燃油消耗量曲线 | 10分 | 能绘制等速燃油消耗量曲线得10分,否则扣1~10分 | |
| 3 | 油耗仪的维护 | 油耗仪管路连接 | 10分 | 能对油耗仪管路连接得10分,否则扣1~10分 | |
| | | 油耗仪管路空气的排除 | 10分 | 能对油耗仪管路空气的排除得10分,否则扣1~10分 | |
| 4 | 现场管理 | 整个操作过程现场布局、清理、清扫整理 | 5分 | 现场管理整洁有序得5分,否则扣1~5分 | |
| | 总　分 | | 100分 | 得　　分 | |

# 项目四 汽车安全性能检测设备的使用与维护

## 学习任务5　车轮定位仪的使用与维护

**学习目标**

★ 知识目标
1. 了解车轮定位仪的检测项目；
2. 理解车轮定位仪的结构原理；
3. 熟悉车轮定位仪的检测标准。

★ 技能目标
1. 能熟练操作车轮定位仪进行汽车前轮定位；
2. 能熟练操作车轮定位仪进行汽车四轮定位。

**建议课时**

8课时。

**任务描述**

某位车主反映其驾驶的汽车有跑偏和轮胎异常磨损情况。现该车主委托检测站对其汽车进行前轮定位情况的检测，并给出各前轮的定位角度，以供调试汽车前轮参考使用。现该车已停放在你所负责的工位，请你使用前轮定位仪对其进行前轮各参数的检测。

### 一　理论知识准备

所谓车轮定位，就是汽车的每个车轮、转向节和车桥与车架的安装应保持一定的相对位置。转向轮定位参数有：主销后倾、主销内倾、前轮外倾、前轮前束。通常车轮定位主要是指前轮定位，现在也有许多车辆需要进行四轮定位。四轮定位仪如图5-1所示。

车轮定位的作用是保持汽车直线行驶的稳定性，保证汽车转弯时转向轻便，且使转向轮自动回正，减少轮胎的磨损等。

**❶ 主销后倾角**

主销后倾角即上球头或支柱顶端与下球头的连线（转向时，车轮围绕其进行转向运动的转向轴）向前或向后倾斜的角度，向前倾斜称为负主销后倾角，向后倾斜称为正主销后倾角，如图5-2所示。

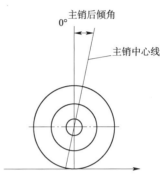

图5-1　四轮定位仪　　　　　　　　图5-2　主销后倾角

**❷ 车轮外倾角**

车轮外倾角即轮胎的上沿偏向车辆内侧（朝向发动机、负外倾角）或外侧（偏离发动机、正外倾角）的角度，如图5-3所示。车轮外倾角有零外倾、正外倾、负外倾三种。正外倾能够减低作用于转向节上的负荷，防止车轮滑脱，重载时防止内倾，减小转向操纵力，减少磨损。但是转向时，如有正外倾，则离心力使外轮外倾加大，加大轮胎磨损变形。横向稳定性差，不足转向加大，这时负外倾能够增加横向稳定并减小轮胎磨损。

**❸ 前轮前束**

从车辆的前方看，于两轮轴高度相同处测量左、右轮胎中心线之间的距离，车辆前端距离与后端距离差值称为前束角，如图5-4所示。前端距离大于后端距离为负前束，反之为正前束，相等为零前束。

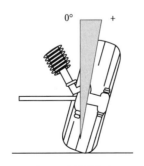

图5-3　车轮外倾角　　　　　　　　图5-4　前束角

功能：

（1）选取适当的外倾角和前束角，即可使外倾引起的侧偏与前束引起的侧偏相互抵消或者部分抵消，达到减小轮胎侧向滑移、降低其磨损的目的。

（2）避免侧滑；避免轮胎过度磨损；避免转弯时轮胎发也噪声；可诊断出变形零件。

如果转向前展角度超过 1.5°，车辆在转弯时会发出尖锐的噪声。其可能原因是转向前臂变形弯曲。一般来说，转向角是不可调整的，只能更换零件。

### 4 主销内倾角

（1）主销内倾角定义。由车辆前方观察，转向轴线与铅垂线所成的夹角即为主销内倾角。主销内倾角对绝大多数的车辆来说都是不可调整的角度，如图 5-5 所示。

（2）摩擦半径的作用。增加操控稳定性，转向后自动回正能力。

主销内倾角、包容角以及外倾角三者结合在一起，可以用来诊断车辆悬挂架系统中哪些区域或特定零件损坏。

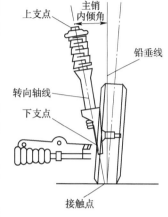

图 5-5　主销内倾角

## 二　任务实施

### （一）前轮定位仪的使用

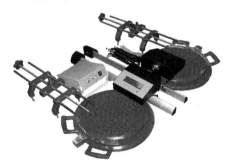

图 5-6　QDJ-1L 型计算机控制前轮定位仪

以 QDJ-1L 型计算机控制前轮定位仪为例（图 5-6）。

#### 1 准备工作

（1）QDJ-1L 型计算机控制前轮定位仪一台。
（2）小型汽车一辆。

#### 2 技术要求与注意事项

（1）操作注意事项。

①移动定位仪时请轻取轻放，遇到故障时不要用力拍打机体，避免引发更大的故障。

②不要压挤机体，也不要把重物放置在机体上，以免引起外壳变形，损坏或故障。

③对电缆，信号线，请不要过分用力拉扯，挤压，也不可拧扭，以免引起断路。

（2）发生故障或异常情况时注意事项。

①如果闻到异常气味或感觉机体过热，应立即把电源开关关掉。

②如发生故障或异常情况时，请停止使用，尽快与购买的销售商或生产厂商联系。

③设备处于非正常状态时请不要勉强使用，也不要自行拆卸、修理，以免引起更大的故障或失去生产厂家的免费维修条件。

（3）使用注意事项。

①精密电子测量仪器,运输使用时轻拿轻放。
②仪器安装在车上后,切勿移动车辆。
③底盘插销插好后汽车才能驶上底盘,汽车离开底盘测量时要先将底盘插销拔除。
④切勿超过底盘的承重范围。
⑤要严格按照说明书使用方法进行操作测量。
⑥仪器出厂前经过严格的标定调整,用户切勿自行拆开,以免影响精度。
⑦仪器发生故障,应送回厂家修理。

### 3 操作步骤

(1)被测车辆应干净、整洁。

(2)用气压表检测各轮胎气压,气压应符合汽车技术条件。

(3)检测所用地面应硬实平整。

(4)根据所测车辆轮距将两个底盘(前车轮位置)平放地面,将底盘刻度标尺朝外,插好定位销。

(5)引导被测车辆缓慢驶上底盘转盘(上前轮),使车轮中心与底盘中心处于同一垂线上,后轮置于与底盘等高的垫板上,使车辆保持水平,测试车轮归正。有条件的可用混凝土做一与底盘等高的地沟,将底盘置于地沟中,其表面与地面平,测量时直接将被测车辆驶上底盘。

(6)将左右挂架分别固定在左右前轮轮辋上,将测试机头固定在挂架上,调整机臂基本水平后,拧紧固定螺栓,保证安装牢固、可靠,以免测试过程中夹具滑落损坏内部传感器。

(7)连接左、右机头之间的电缆线,连接左机头与电源盒之间的电缆线。带打印机的定位仪需连接电源盒和外置打印机间的连接线;可联网的定位仪需连接电源盒与主控机之间的联网线。

(8)用配备的弹性绳和弹簧钩连接好左右机头前束传感器,调整测试线长短,使其松紧适度。

(9)取下底盘上的定位销,在车辆自由状态时,将底盘刻度调整到零位,开始准备测量。

(10)检查各部分安装无误后,接通电源,液晶显示测试主菜单(图5-7、图5-8)。系统预热2min,待传感器性能稳定后准备开始测量。

```
请调平机头再测试              请调平机头再测试

1  调平机头      4  联网        1  调平机头      4  打印
2  前束/外倾     5  标定        2  前束/外倾     5  标定
3  主销          6  系统        3  主销          6  系统
```

图5-7  联网机型定位仪测试主菜单　　图5-8  打印机型定位仪测试主菜单

(11)用"▲"(UP)"▼"(DOWN)键上下移动光标,选定需测项目。按下"←"键(ENTER)开始检测项目。按下右边的红色按键,系统复位。

(12)进入调平机头项。分别轻轻抬压两侧机臂,调平机头。每个机头有三个LED指示灯,哪边高则那边的灯亮,调平则中间的灯亮。机头调平后自动返回测试菜单界面。

必须调平机头,才可以进行以下项目的检测。

①车轮最大转角。踩住制动踏板,向左右打足转向盘,直接从底盘上读取车轮左右最大转角值。

②前束/外倾。选定该测试项目,按下ENTER键,开始测试。

左前束:±00°00′

右前束:±00°00′

左外倾:±00°00′

右外倾:±00°00′

所测数据动态实时显示,再次按下ENTER键,测试结束,测试数据自动存储。

③主销。选定该测试项目,按下ENTER键,开始测试左转20°,此时,踩住制动踏板,向左转动转向盘,前轮左转20°,可从底盘读取度数,先测先到位的车轮。

左轮到位,则按下"▲"键,采样左轮数据左轮采样完毕,右轮到位,则按下"▼"键,采样右轮数据,右轮采样完毕。当两轮都采样完毕,按下ENTER键。

屏幕显示:

左后倾:±00°00′

右后倾:±00°00′

左内倾:±00°00′

右内倾:±00°00′

该数据静态显示,自动存储。此时按下ENTER键,返回测试项目菜单界面。

④报表。选定该项目,按下ENTER键,发送测试数据。

屏幕显示:正在发送数据>>>。当数据发送完毕,即显示:正在发送数据>>>OK,并自动返回测试菜单。数据以ASCII码形式发送。

数据格式:

S±0000±0000±0000±0000±0000±0000±0000E

分别代表:

START/总前束/左外倾/右外倾/左后倾/右后倾/左内倾/右内倾/END

仪器配标准9针串口与主控机连接。波特率2400bps、8位数据位、1位停止位、无校验。

⑤打印。选定该项目,按下ENTER键,既发送打印数据。屏幕显示:正在发送数据>>>。当数据发送完毕,即显示:正在发送数据>>>OK,并自动返回测试菜单。

打印格式:

左前束(LQS):±00°00′,右前束(RQS):±00°00′

左外倾(LWQ):±00°00′,右外倾(RWQ):±00°00′

左后倾(LHQ):±00°00′,右后倾(RHQ):±00°00′

左内倾(LNQ)：±00°00′,右内倾(RNQ)：±00°00′

总前束(ZQS)：±00°00′

### (二)四轮定位仪的使用

以 X-631 四轮定位仪为例。

#### ❶ 准备工作

(1)X-631 四轮定位仪一台。

(2)小型汽车一辆。

#### ❷ 技术要求与注意事项

1)计算机的维护

(1)使用者必须具有一定的计算机软件和硬件知识,以确保计算机的正确使用。

(2)主机和显示器应牢固地固定在工作台上,禁止放在靠近放射源和热源、严寒及潮湿的环境中,严禁暴晒,也不能把任何东西通过缝隙塞进入主机和显示器内。

(3)计算机工作时不要随意搬动或剧烈振动,禁止将计算机拆开造成内部设备损坏。

(4)尽量避免频繁开机,不要随意修改 BIOS 设定,不要随意删除硬盘上的文件,以免计算机运行异常或瘫痪。

(5)主机为四轮定位仪专用设备,禁止使用外来软件,以避免病毒的传染。

(6)长期使用会在键盘、主机和显示器上积累一定的灰尘和油污,因此,要定期用中性清洁剂或无水酒精清洗。禁止用油性和腐蚀性物质接触计算机。

2)轮夹和探杆的维护

(1)轮夹应定时清洁并加注少量润滑油,保证轮夹伸缩自如。

(2)传感器探杆外壳由塑料制成,长期使用会在表面累积灰尘和油污,因此,要定期用中性清洁剂或无水酒精清洗。禁止用水、油性和腐蚀性物质清洗。

(3)传感器探杆内有精密敏感元件,在使用过程中应小心谨慎,不得擅自拆开乱扔乱摔,影响正常使用。

(4)安装传感器探杆时要保证夹具稳固后才能安装探杆。

3)打印机的维护

(1)安装正确的打印机驱动程序,保证打印机设置无误。

(2)要及时更换打印机墨盒,保证打印效果。

#### ❸ 操作步骤

(1)将汽车驶到举升机上,使前轮正好位于转角盘(选配)中心;车停稳后,拉紧驻车制动以确保车辆不移动和人员安全。车驶入前,用锁紧销将转角盘(选配)锁紧,防止其转动;汽车驶入后,松开锁紧销。

(2)询问车主汽车在行驶方面出现的问题以及过去四轮定位的检测情况,并了解该汽车的生产国家、生产厂家、车款、车型及出厂年代等情况。

(3)检查底盘各零部件,包括胶套、轴承、摆臂、三脚架球头、减振器、拉杆球头和转向盘是否有松动及磨损,检查轮胎气压和轮胎规格以及两前轮花纹是否相同,两后轮花纹深浅是否一致。

(4)将轮夹安装在四个车轮上,并旋转手柄以锁紧轮夹。根据实际情况将卡爪固定在轮辋外圈或内圈,卡爪深浅应一致,并尽量避免卡在变形比较大的区域。

(5)将探杆安装在轮夹的轴套上,如图5-9所示。

(6)调节探杆,使水平仪气泡处于中间位置,以保证传感器探杆处于水平状态。

(7)将四轮定位仪的电源插头插入标准的三端电源插座中,打开机柜电源。

(8)将转向盘固定架放在驾驶座座椅上,压下手把使之顶住转向盘以锁定转向盘。

(9)将制动板固定架下端顶在制动踏板上,上端卡在座椅上撑紧,以使车辆固定。

(10)打开电源,启动计算机,直接进入测量程序主界面。主界面显示有8项功能:常规检测、快速检测、附加检测、系统管理、报表打印、3D界面/2D界面、帮助系统、退出系统。如图5-10所示。

图5-9 安装探杆

图5-10 控制面板

(11)常规检测。在主界面下,点击"常规检测"图标进入测量界面。在做四轮定位之前,必须先选择该车型的标准数据。

(12)偏心补偿。偏心补偿是为了减小由于钢圈、轮胎的变形和轮夹的安装而引起的误差。建议每次测量时都选择该操作步骤,以提高测量精度。界面显示如图5-11所示。

(13)推车补偿。推车补偿是为了减小由于钢圈、轮胎的变形和轮夹的安装而引起的误差,直接采用车轮运动轴线进行定位的操作方式。轮夹安装欠佳时建议选择该操作方式,以克服装夹方面带来的测量误差。界面如图5-12所示。

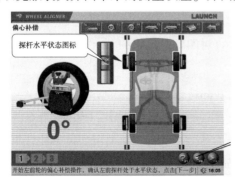

图5-11 偏心补偿

图5-12 推车补偿

(14)主销测量。主销测量是针对前轮而言的,包括主销内倾角及主销后倾角。主销内倾角可使车重平均分布在轴承之上,保护轴承不易受损,并使转向力平均,转向轻盈。主销后倾角的存在可使转向轴线与路面的交会点在轮胎接地点的前方,可利用路面对轮胎的阻力让汽车保持直进,界面如图 5-13 所示。

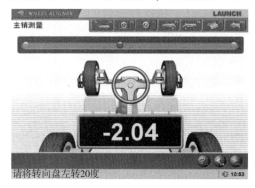

图 5-13　主销测量

详细数据:此界面供提供整个检测操作的结果输出,包括前后轮各个参数的测量值,图形格式:系统新增了图形格式的数据显示方式,点击"文字格式",可以把数据显示在传统的文字格式和新增的图形格式之间切换,如图 5-14 所示。

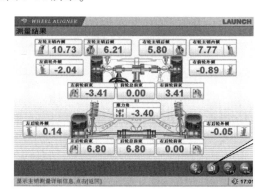

图 5-14　检测数据显示

(15)报表打印。报表打印可以打印并储存当前车辆的定位数据。

## 三　学习拓展

交通部标准《四轮定位仪》(JT/T 505—2004)对四轮定位仪的要求如下。

### 1 术语和定义

(1)四轮定位仪:用于测量汽车四轮定位参数的仪器。

(2)单轮前束:每一车轮的旋转平面相对汽车纵向轴线(几何中心线)的内夹角称为单轮前束角($\theta$),车轮前端偏向纵向轴线方向为正,反之为负,单轮前束通过下式计算。

$$l = D \cdot \tan\theta$$

式中:$l$——单轮前束值,mm;

$D$——车轮前束测量点所处的直径,mm;

$\theta$——单轮前束角,°。

(3)总前束:左、右单轮前束之和。

(4)推力角:车辆在俯视平面内纵向轴线和推力线(是一条假想的线,从后轴中心向前延伸,由两后轮共同确定的后轴行驶方向线)的夹角。推力线相对纵向轴线向左侧偏斜为正,向右侧偏斜为负。

(5)轴偏角:同一轴上两车轮中心连线与车辆纵向轴线的垂线之间的夹角。右轮相对于左轮在前为正,反之为负。轴偏角也称为退缩角。

### ❷ 分类

四轮定位仪分为:

——光学式,代号为 G;

——电子式,代号为 D;

——机械式,代号为 J;

——其他类型,代号自定义。

### ❸ 技术要求

(1)工作条件。

①温度:0~40℃。

②相对湿度:不大于90%。

③电源:AC 220 ± 10% V,50 ± 2% Hz。

④环境气压:70~106kPa。

(2)结构要求。结构中不应具有妨碍四轮定位仪发挥正常使用性能的任何缺陷,使之在使用中可以满足本标准规定的全部要求。

(3)性能要求。

①基本要求。

②仪器应稳定可靠。

③仪器具备偏差补偿功能,即在补偿范围内不应影响车轮定位检测精度。

④仪器测量精度应不受太阳光或其他灯光照射的影响。

⑤仪器具有测量结果打印功能。

⑥仪器具有数据通信功能。

⑦四轮定位仪系统响应时间不大于1s。

(4)系统。

①系统应具有调零功能。

②系统应具有自诊断功能。

③系统应具有标定功能。

(5)夹具。

①夹具是将测量头安装于车轮上的装置。

②夹具卡爪形成的平面与安装测量头的轴的垂直度不大于0.1mm。

③夹具应能夹持牢固,操作方便,且有安全保护装置。

(6)转盘。

①转盘是支撑车轮并测量车轮转角的装置。

②转盘直径不小于350mm。

③转盘的任意方向平移量不小于40mm。

④转盘的转角测量范围不小于-45°~+45°。

⑤电子式转盘测量精度为0.1°。

⑥机械式转盘测量精度为0.5°。

⑦电子式转盘转角零点误差不大于0.1°。

⑧机械式转盘转角零点误差不大于0.5°。

⑨机械式转盘指针上刻有一明显的指示标志线。

⑩转盘刻度应清晰。

⑪转盘应转动自如,无阻滞、卡死现象。

(7)附件。

①后轮支撑滑板。四轮定位仪若配备左右可移动的两个支撑滑板,滑板在空载情况下移动阻力不大于10N,位移量不小于50mm。

②转向盘固定器。四轮定位仪应配备转向盘固定器,且其附件操作轻便,使用可靠。

③制动踏板固定器。四轮定位仪应配备制动踏板固定器,且其附件操作轻便,使用可靠。

(8)测量参数、范围及精度。

①总前束角。

测量范围:±6°。

精度:在±2°范围内精度为±4′,其余范围精度为±10′。

②单一车轮前束角。

测量范围:±3°。

精度:在±2°范围内精度为±2′,其余范围精度为±5′。

③车轮外倾角。

测量范围:±10°。

精度:在±4°范围内精度为±2′,其余范围精度为:±10′。

④主销后倾角。

测量范围:±15°。

精度:在±12°范围内精度为±6′,其余范围精度为±10′。

⑤主销内倾角。

测量范围:±20°。

精度:在0°~+18°范围内精度为±6′,其余范围精度为±10′。

⑥推力角。

测量范围:±6°。

精度:在±2°范围内精度为±2′,其余范围精度为±10′。

⑦轴偏角。

测量范围:±6°。

精度:在±2°范围内精度为±2′,其余范围精度为±10′。

(9)示值要求。

①示值分辨率。角度分辨率为1′,其中前束示值用角度表示时分辨率为1′或用mm表示时为0.1mm。

②零位漂移。零位漂移30min内不大于4′。

③示值误差。示值误差±4′。

④示值稳定性。示值稳定性10s内为±2′。

⑤电气安全性。四轮定位仪的保护接地电路、绝缘应符合GB 5226.1的规定。

(10)外观及其他要求。

①仪器的机箱应有足够的机械强度和刚度,各连接件连接紧固可靠。外表面不得有明显的崩缺,表面涂层不得有明显的剥落、划痕、气泡、流挂等。

②仪器的按钮应有功能标识,操作灵活可靠,仪器显示清晰,不得有影响读数的缺陷。

## 四 评价与反馈

### 1 自我评价

(1)通过本学习任务的学习你是否已经知道以下问题:

①四轮定位的定义和对车辆有哪些影响?

②四轮定位的检查和初步调整如何进行?

(2)汽车四轮定位检测操作过程中用到了哪些设备?

(3)汽车四轮定位检测与调整完成情况如何?

(4)通过本学习任务的学习,你认为自己的知识和技能还有哪些欠缺?

签名:_____　　_____年____月____日

### 2 小组评价(表5-1)

小组评价表　　　　　　　　　　　　　　表5-1

| 序号 | 评价项目 | 评价情况 |
| --- | --- | --- |
| 1 | 着装是否符合要求 | |
| 2 | 是否能合理规范地使用仪器和设备 | |
| 3 | 是否按照安全和规范的流程操作 | |
| 4 | 是否遵守学习、实训场地的规章制度 | |

续上表

| 序号 | 评价项目 | 评价情况 |
|---|---|---|
| 5 | 是否能保持学习、实训场地整洁 | |
| 6 | 完成工作任务情况 | |

参与评价的同学签名：_____　　_____年___月___日

### ❸ 教师评价

_____

_____

教师签名：_____　　_____年___月___日

## 五 技能考核标准

根据学生完成实训任务的情况对学习效果进行评价。技能考核标准见表5-2。

技能考核标准表　　　　　　　　　　　　　表5-2

| 序号 | 项目 | 操作内容 | 规定分 | 评分标准 | 得分 |
|---|---|---|---|---|---|
| 1 | 课前准备 | 个人工作服着装清洁整齐 | 5分 | 个人劳动保护有效得5分，否则扣1～5分 | |
| | | 课前分组集队整齐迅速 | 5分 | 课前分组集队整齐迅速得5分，否则扣1～5分 | |
| 2 | 前轮定位仪的使用 | 前轮定位仪检查 | 10分 | 前轮定位仪配件齐全，表面整洁得10分，否则扣1～10分 | |
| | | 待检车辆检查 | 10分 | 车辆检查符合要求得10分，否则扣1～10分 | |
| | | 前轮前束测量 | 10分 | 前轮前束测量过程规范得10分，否则扣1～10分 | |
| | | 前轮外倾角测量 | 10分 | 前轮外倾角测量过程规范得10分，否则扣1～10分 | |
| | | 主销内倾角测量 | 10分 | 主销内倾角测量过程规范得10分，否则扣1～10分 | |
| | | 主销后倾角测量 | 10分 | 主销后倾角测量过程规范得10分，否则扣1～10分 | |
| 3 | 四轮定位仪的使用 | 四轮定位仪检查及安装 | 10分 | 四轮定位仪配件齐全，表面整洁安装牢固得10分，否则扣1～10分 | |
| | | 待检车辆检查 | 5分 | 车辆检查符合要求得10分，否则扣1～10分 | |
| | | 四轮定位仪检测参数的测量 | 10分 | 四轮定位仪检测参数的测量过程规范得10分，否则扣1～10分 | |
| 4 | 现场管理 | 执行6S管理 | 5分 | 执行6S管理得5分，否则扣1～5分 | |
| | 总　分 | | 100分 | 得　分 | |

## 项目四 汽车安全性能检测设备的使用与维护

## 学习任务6 汽车侧滑检验台的使用与维护

**学习目标**

 知识目标

1. 了解汽车侧滑检验台的检测参数；
2. 熟悉汽车侧滑检验台检测参数的国家标准；
3. 理解汽车侧滑检验台的结构原理。

 技能目标

1. 能熟练操作汽车侧滑检验台进行侧滑检测；
2. 能对汽车侧滑检验台进行检查和维护。

**建议课时**

4课时。

任务描述

某出租车驾驶员在行驶过程中，车辆出现向右侧滑的现象，前轮出现磨损，他将车开到当地汽车综合性能检查站，由检测站的专职检测工对车辆的侧滑量进行检测。

### 一 理论知识准备

车辆在使用过程中，由于车架、车轴、转向机构的变形或磨损改变了原有的参数值，致使前轮定位失准，车辆行驶时转向轮在向前滚动的同时，还将产生横向滑移，这就是人们所说的侧滑，当这种现象严重时将会破坏车轮的附着条件，导致轮胎异常磨损，丧失定向行驶能力，还可能引发交通事故。在汽车综合性能检测站，用侧滑试验台对车辆的侧滑量进行检测。

**1. 转向轮侧滑量及国家标准要求**

(1) 转向轮侧滑量定义。前轮侧滑是指汽车前轮前束和外倾角不匹配（外倾角产生的侧向力和前束产生的侧向力不平衡），使汽车在直线行驶时产生向左或向右的偏移现象。它反映的是汽车直线行驶的稳定性。

(2) 转向轮侧滑的国家标准要求。汽车前轮侧滑的检测是通过侧滑检测仪进行的，按照《机动车运行安全技术条件》(GB 7258—2012)中的有关规定进行判断,要求车辆前轮侧滑不大于5m/km。

**❷ 车轮侧滑检验台的结构原理**

1)侧滑检验台分类

(1)根据载荷的不同,分为3t级、10t级、15t级三种。

(2)根据滑动板数的不同,有单板式和双板式两种。

(3)根据滑板的长度不同,有500mm、800mm、1000mm三种。

(4)根据滑板运动方式的不同,有联动式和分动式两种。

2)侧滑检验台的型号

图6-1 侧滑检验台的型号

侧滑检验台的型号由三部分组成,如图6-1所示。第一部分为产品代码CH,第二部分为额定承载质量,单位为吨(t),用阿拉伯数字表示;第三部分为产品的改进型序号,用英文字母(A、B、C…)表示。例如CH-10A,表示额定载荷为10t的第一次改进型汽车侧滑检验台。

3)侧滑检验台的结构及工作原理

侧滑检验台是当汽车在滑板上驶过时,用测量滑动板左右移动量的方法来测量车轮侧滑量的大小和方向,并以此判断前轮定位是否合格的一种检测设备。目前国内有单板式侧滑检验台和双板联动式侧滑检验台。

(1)双板联动式侧滑检验台的结构。

侧滑检验台主要包括机械装置和测量装置两部分。早期的侧滑检验台还有专门的指示装置及报警装置,现在全部由软件直接显示检测数据,根据数据的颜色可以确定是否超过规定值。

机械装置主要有滑板、联动机构以及滚轮、弹簧等,测量装置主要有传感器、信号放大处理电路以及指示仪表等。侧滑检验台种类较多,不过其机械装置大同小异,主要差别在于测量装置部分。

机械装置的结构原理如图6-2所示。左、右滑板分别支承在各自4个滚轮上,每块滑板通过与其连接的导向轴承(图中未画出)在导轨内滚动,滑板可以沿左右方向滑动而其纵向的运动受到了限制。中间的连杆机构连接左右滑板,保证两块滑板作同时向内或同时向外的运动。滑板的位移量通过位移测量装置(位移传感器)转换成电信号,经放大处理后送到控制模板。复位弹簧可以起到自动复位的作用,以使滑板在不受力时能够保持中间位置(零位)。

(2)目前常用的测量装置。

主要有电位器式、自整角机式和差动变压器式。

①电位计式测量装置。

以电位计作为位移传感器的测量装置如图6-3所示。可以看出,当滑板位移时能变为电位计触点在电阻线圈上的移动,致使电路阻值发生变化,进而使电路电压发生变化。

把这一变化传输给指示装置(电压表),就可将滑动板位移量的大小和方向指示出来。

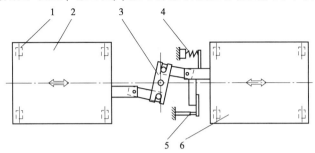

图 6-2 双滑板式侧滑检验台结构示意图
1-滚轮;2、6-板;3-连杆机构;4-复位弹簧;5-位移传感器

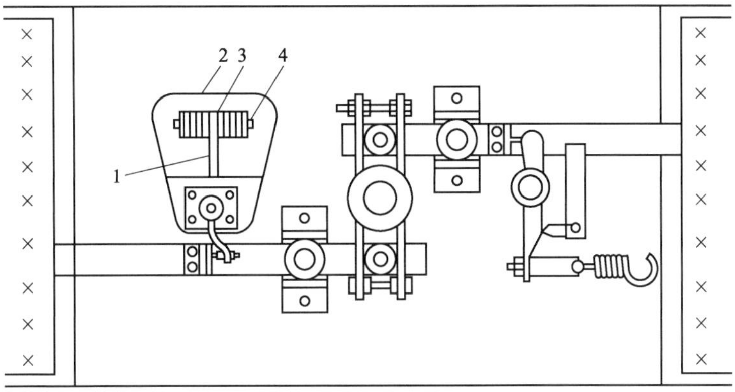

图 6-3 侧滑检验台电位计式测量装置
1-滑动片;2-电位计;3-触点;4-线圈

②自整角机式测量装置。

自整角机是一种控制电机,它由发送机和接收机组成,每个电机都有 A、B、C 三相定子绕组和一个转子励磁绕组。两个电机的三相定子绕组对应连接,两个转子励磁绕组 $F_1$ 和 $F_2$ 同时接到交流电源,如图 6-4a)所示。

当发送机转子转动一个角度,则两台电机定子感应电动势失去平衡,因电磁感应关系使接收机的转子也偏转同一个角度。这就实现了两台电机之间没有机械连接却可以按同一个角度偏转的效果。

在实际应用中,首先将侧滑检验台滑板的横向移动通过杠杆机构传递给齿条(10)、齿轮(11),把直线运动变为旋转运动,再将这种旋转运动传递给自整角机的发送机(7),而接收机(9)装在指示仪表内,用来驱动仪表指针(8)转动。从而使仪表指针的偏转角度与侧滑板的位移量完全成正,如图 6-4b)所示。

③差动变压器式测量装置。

差动变压器的工作原理如图 6-5 所示。差动变压器有一个可以随着滑板一起移动的铁芯,该铁芯插在初级和次级线圈中间,进行轴向移动。初级线圈有交流电通,在两段次级线圈中均有感应交流电压信号产生。如果铁芯处于中间位置,则两段次级线圈产生大小相等的感应电动势,经整流及差动电路信号处理后输出信号为零。若铁芯向某一方向偏移,那么两段次级线圈感应电动势不再相等,经电路处理后便会输出一个直流差动信号,该信号的极性与铁芯移动方向有关、大小与偏移量有关。那么在指示仪表中既可以指示侧滑数值大小,还可以指示数值的正负,也就是滑板移动的方向。以差动变压器为位移传感器的测量装置如图6-5所示。当滑动板位移时,通过触头带动差动变压器线圈内的铁芯移动,使电路电压发生变化。将这一变化传输给指示装置(电压表),就可将滑动板位移量的大小和方向指示出来。

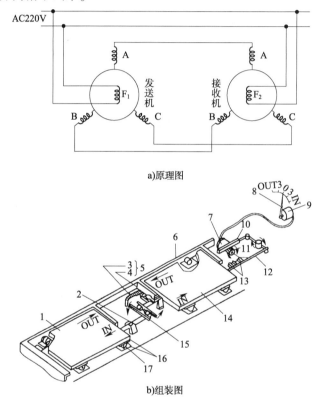

图6-4 侧滑检验台自整角机式测量装置

1-左滑动板;2-导向滚轮;3-复位弹簧;4-摆臂;5-复位装置;6-框架;7-产生电信号的自整角机;8-指针;9-接受电信号的自整角机;10-齿条;11-齿轮;12-连杆;13-限位开关;14-右滑动板;15-双销叉式曲柄;16-轨道;17-滚轮

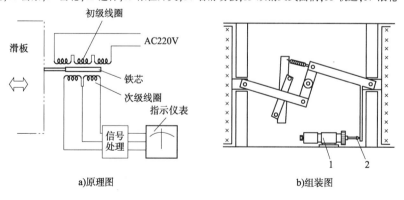

图6-5 侧滑检验台差动变压器式测量装置

1-差动变压器;2-触头

## 二 任务实施

### 1 准备工作

（1）将待检车辆停放在维修区域，车辆轮胎气压应符合各自的规定值（出厂标准），检查并清除轮胎上的油污、水渍和嵌入的石子、杂物等。

（2）检查侧滑检验台工作是否正常，安全机构工作是否正常。

（3）检查侧滑台及周围场地有无机油、石子、泥污等杂物，并清除干净。

### 2 技术要求与注意事项

按照《机动车运行安全技术条件》（GB 7258—2012）中的有关规定进行判断，汽车前轮侧滑的检测是通过侧滑检测仪测量的，要求车辆前轮侧滑不大于5m/km。

侧滑检验台使用注意事项：

（1）不允许超过容许吨位的汽车驶入检验台，以防损坏机件。

（2）不允许汽车在检验台上转向或转动，因为会影响测量精度和检验台的使用寿命。

（3）前驱动的汽车在检测时，不允许突然加油、收油或踏离合器，这样会改变前轮受力状态和定位角，造成测量误差。

（4）检验台不使用时，一定要锁止滑动板，以防止外界因素（人或汽车等）引起其经常晃动而损坏测量机件。

（5）保持检验台表面及周围环境清洁，及时清除泥、水和垃圾，防止其浸入检验台。

（6）侧滑检验台上不准停放车辆和堆放杂物，防止滑动板及测量机件变形或损坏。

### 3 操作步骤

不同型号的侧滑检验台，其使用方法有所区别，应根据使用说明书制订操作规程。下面以KCH-3汽车侧滑检验台为例说明。

1）KCH-3汽车侧滑检验台使用技术参数

最大通过轮荷：2000kg；

最大检测轮荷：1500kg；

侧滑量检测范围：±15.0m/km；

侧滑量示值分度值：±0.1m/km；

标定比例：1mm:2.0m/km；

结构形式：单滑板（带放松板）；

检测滑板尺寸（$L \times W$）：600mm×500mm；

放松板尺寸（$L \times W$）：600mm×250mm；

外形尺寸（$L \times W \times H$）：700mm×830mm×65mm；

设备质量：85kg；

使用环境温度：0~40℃；

使用环境湿度：≤90%。

2）车辆侧滑检测

(1)松开滑动板的锁止手柄,接通电源。

(2)被测车辆以3~5km/h低速通过滑动板。速度过高会因台板的惯性力和传感器的动态响应迟滞而影响测量精度。速度过低也会引起失真误差。

(3)被测车轮从滑动板上完全通过时,察看侧滑试验检测界面,注意记下滑动板的运动方向,即区别滑动板是向外还是向内滑动。

进行记录时,应遵循如下约定:滑动板向外滑动,侧滑量记为负值,表示车轮向内侧滑动;滑动板向内侧滑动,侧滑量记为正值,表示车轮向外侧滑动。图6-6为车辆侧滑检测及检验台显示结果。

图6-6 车辆侧滑检测及检验台显示结果

(4)测结束后,锁止滑动板,切断电源。

3)侧滑检验台维护

(1)每使用1个月,应重点检查蜂鸣器或信号灯在侧滑量超过规定值时能否及时报警或给出侧滑量不合格的信息。若蜂鸣器、信号灯或限位开关工作状况不良时,应给予及时调整或更换。

(2)每使用3个月,除作上述保养作业外,还需检查测量装置的杠杆机构指针和复位装置等动作是否灵便。如动作不灵活或有迟滞,应及时进行清洁和润滑工作,必要时需进行修理或更换有关零件。

(3)使用6个月后,除进行第(2)项维护工作外,还需要拆下滑动板,检查滑动板下的滚轮及导轨,检查各部位有无脏污、变形、锈蚀、磨损等情况,并进行清洁、紧固和润滑工作。对磨损严重的零部件应酌情更换。

(4)使用一年后,除进行第(3)项维护作业外,还须接受有关部门的检定以确保测试精度。

常见故障及其排除方法见表6-1。

常见故障及其排除方法　　　表6-1

| 故障现象 | 故障原因 | 处理方法 |
|---|---|---|
| 侧滑台滑板复位异常 | 导轨上有杂物 | 清理导轨 |
| | 复位弹簧过松,拉力不够 | 调节或更换复位弹簧 |
| | 锁紧装置没有完全松开 | 松开锁紧装置 |
| | 限位导轨间隙太小 | 调大间隙 |
| | 导轨或钢珠磨损严重 | 更换导轨或钢珠 |

续上表

| 故障现象 | 故障原因 | 处理方法 |
| --- | --- | --- |
| 侧滑台检测数据异常 | 位移传感器有位移 | 调零后固定传感器 |
| | 位移传感器复位不好 | 清理传感器导杆并加润滑油 |
| | 传感器调节装置有松动 | 调零后固定调节装置 |
| | 限位导轨间隙太大 | 调小间隙 |
| | 传感器触头有松动 | 紧固传感器触头 |

## 三 学习拓展

### 1 汽车侧滑检验台的检定

汽车侧滑检验台的检定应按照《汽车侧滑检验台》(JT/T 507—2004)、《汽车侧滑检验台检定规程》(JJG 908—2009)和《机动车安全检定技术条件第1部分:滑板式汽车侧滑试验台检定技术条件》(GB/T 11798.1—2001)进行。

1)检定技术要求

(1)检查外观及性能。

①检验台应有清晰的铭牌,标有设备型号、设备名称、额定载荷、出厂编号、制造厂名和出厂日期。

②各操纵件如开关、按钮及插座、接线端子等应有明显的文字或符号标志,符号标志应符合有关标准的规定;操纵件的操作应灵活可靠,无松动或卡滞等现象。

③指针式仪表,表盘应清晰、指针能调零,不弯曲,回转应平稳、灵活,不应有跳动、卡住和阻滞现象;数字显示应在5s内稳定,示值保留时间不少于8s。

④各机件应完好,滑板移动灵活、平稳,没有明显的阻滞和晃动现象,调整机构操作应灵活、可靠。

(2)电气系统安全性。

①侧滑检验台应有保护接地端子,该端子旁应有清晰接地标志。保护接地端子应通过专用的黄绿导线与保护接地点可靠连接。

②侧滑检验台的电气系统,其安全性应符合国标中额定工作电压不超过500V的Ⅰ类安全仪器的规定。绝缘电阻值不小于5MΩ。

(3)零位误差。

①滑板移动3m/km时回复:不超过±0.2m/km。

②滑板移动0.4m/km时回复:不超过±0.2m/km。

③零点漂移:30min中不大于0.2m/km。

④示值误差:不超过±0.2m/km。

配有打印装置或装配有计算机控制的机动车检测线上的侧滑台,其仪表显示值、打印值或线上计算机显示值均应符合本规定。

⑤重复性误差:不大于0.1m/km。

⑥报警点(侧滑量为5m/km)判定误差:不超过±0.2m/km。

⑦滑板动作力。

a. 滑板从零位移动至0.1mm时：

滑板有效测量长度大于500mm，滑板动作力不大于60N；

滑板有效测量长度不大于500mm，滑板动作力不大于40N。

b. 滑板移动至侧滑量为5m/km时：

滑板有效测量长度大于500mm，滑板动作力不大于120N；

滑板有效测量长度不大于500mm，滑板动作力不大于80N。

2）检定环境要求

（1）进行检定时工作环境应保持温度为0～40℃。

（2）相对湿度≤85%的稳定状态。

（3）电源电压：额定电压±10%。

（4）检定应在周围无影响测量的污染、振动、噪声和电磁干扰的环境下进行。

### 2 检定所需试验设备及工量具

检定用量具和工具见表6-2。量具须经计量部门检定合格并在有效期内使用。

检定用量具和工具　　　　　　表6-2

| 名　称 | 规　格 | 准确度 | 数　量 | 备　注 |
|---|---|---|---|---|
| 百分表 | 0～30mm | 分度值0.01mm | 1 | — |
| （管形）测力计 | 0～200N | 2级 | 1 | — |
| 挡位工具 | — | — | 1 | — |
| 绝缘电阻表(兆欧表) | 不小于100MΩ | — | 1 | 测量电压500V |
| 磁性表座 | — | — | 1 | — |
| 滑板微动工具 | — | — | 2 | — |

## 四 评价与反馈

### 1 自我评价

（1）通过本学习任务的学习你是否已经知道以下问题：

①侧滑检验台进行车辆的什么项目测量？国家对该指标的要求是什么？

②检测车辆的侧滑性能的操作过程中用到了哪些设备，在操作过程应注意哪些问题？

（2）侧滑检验台的操作流程有哪些？

（3）侧滑检验台在维护时应进行哪些工作？

（4）通过本学习任务的学习，你认为自己的知识和技能还有哪些欠缺？

项目四 汽车安全性能检测设备的使用与维护

签名：_____　　　____年____月____日

**② 小组评价**（表6-3）

小组评价表　　　　　　　　　　　　　　　　表6-3

| 序号 | 评价项目 | 评价情况 |
|---|---|---|
| 1 | 着装是否符合要求 | |
| 2 | 是否能合理规范地使用仪器和设备 | |
| 3 | 是否按照安全和规范的流程操作 | |
| 4 | 是否遵守学习、实训场地的规章制度 | |
| 5 | 是否能保持学习、实训场地整洁 | |
| 6 | 团结协作情况 | |

参与评价的同学签名：_____　　　____年____月____日

**③ 教师评价**

教师签名：_____　　　____年____月____日

## 五　技能考核标准

根据学生完成实训任务的情况对学习效果进行评价。技能考核标准见表6-4。

技能考核标准表　　　　　　　　　　　　　　表6-4

| 序号 | 项目 | 操作内容 | 规定分 | 评分标准 | 得分 |
|---|---|---|---|---|---|
| 1 | 课前准备 | 个人工作服着装清洁整齐 | 5分 | 个人劳动保护有效得5分，否则扣1～5分 | |
| | | 课前分组集队整齐迅速 | 5分 | 课前分组集队整齐迅速得5分，否则扣1～5分 | |
| 2 | 侧滑检验台的使用 | 侧滑检验台检查 | 10分 | 侧滑检验台运行正常，表面整洁得10分，否则扣1～10分 | |
| | | 待检车辆检查 | 10分 | 车辆检查符合要求得10分，否则扣1～10分 | |
| | | 车辆低速通过滑动板 | 10分 | 车辆按照指示车速通过滑动板得10分，否则扣1～10分 | |
| | | 察看侧滑检验检测界面，记录检测结果 | 10分 | 正确记录检测结果得10分，否则扣1～10分 | |
| | | 测结束后，锁止滑动板，切断电源 | 10分 | 锁止滑动板，切断电源得10分，否则扣1～10分 | |
| | | 根据检测数据判断车辆侧滑技术状况 | 10分 | 能确定技术状况得10分，否则扣1～10分 | |

续上表

| 序号 | 项目 | 操作内容 | 规定分 | 评分标准 | 得分 |
|---|---|---|---|---|---|
| 3 | 侧滑检验台的维护 | 检查侧滑量超过规定值时能否给出侧滑不合格的信息 | 5分 | 能检查蜂鸣器或信号灯的性能得5分,否则扣1~5分 | |
| | | 检查测量装置的杠杆机构指针和复位装置 | 10分 | 能检查测量装置的杠杆机构指针和复位装置的动作得10分,否则扣1~10分 | |
| | | 检查滑动板下的滚轮及导轨 | 10分 | 检查滑动板下的滚轮及导轨得10分,否则扣1~10分 | |
| 4 | 现场管理 | 整个操作过程现场布局、清理、清扫整理 | 5分 | 现场管理整洁有序得5分,否则扣1~5分 | |
| | 总 分 | | 100分 | 得 分 | |

## 学习任务7　汽车悬架检测台使用与维护

**学习目标**

知识目标
1. 了解汽车悬架检测台检测参数;
2. 熟悉汽车悬架检测台的国家标准;
3. 理解汽车悬架检测台的结构原理。

★技能目标
1. 能熟练操作汽车悬架检测台进行悬架检测;
2. 能对汽车悬架检测台进行检查和维护。

**建议课时**

4课时。

任务描述

某人驾驶私家车到山区自驾游,感觉车辆在常规的市区路面行驶时候,车辆振动较自驾游前强烈,因此他驾驶车辆到你所在的汽车综合性能检测站,要对车辆的悬架进行检测。现请你为该车辆进行检测。

## 一 理论知识准备

汽车同轴左、右悬架吸收率差异过大而引起操纵稳定性和制动稳定性恶化,进而造成交通事故,需要将同轴左、右车轮吸收率之差控制在一定范围内。在汽车综合性能检测站,采用悬架检测台对车辆的悬架吸收率进行检测,用于判断悬架性能。

### 1 悬架检测参数及国家标准

(1) 悬架吸收率。

汽车车轮在稳态时的负荷,定义为车轮与路面的静态接地力;在受外界激励振动下,汽车车轮在悬架检测台上的变化负荷,定义为动态负荷,其评价指标为"吸收率"。所谓"吸收率",即在悬架检测台上受检车辆在受到外界激励振动下,共振时的最小动态车轮垂直负荷与静态车轮垂直负荷的百分比值。

(2) 国家标准对悬架吸收率的要求。

《营运车辆综合性能要求和检验方法》(GB 18565—2001)中规定:对于最大设计车速≥100km/h、轴载质量≤1500kg 的载客汽车,应用悬架检测台按规定的方法进行检测悬架特性,受检车辆的车轮在受外界激励振动下测得的吸收率,即被测汽车共振时的最小动态车轮垂直载荷与静态车轮垂直载荷的百分比值(又称车轮接地性指数),应不小于40%,同轴左右轮吸收率之差不得大于15%。

(3) 国外对悬架吸收率的要求。

欧洲减振器制造协会(EUSAMA)推荐的评价车轮接地性指数来评价悬架吸收率,其参考标准见表7-1。

车轮接地性指数参考标准　　　　　　　　　　　　　　　表7-1

| 车轮接地性指数(%) | 车轮接地状态 | 车轮接地性指数(%) | 车轮接地状态 |
| --- | --- | --- | --- |
| 60~100 | 优 | 20~30 | 差 |
| 45~60 | 良 | 1~20 | 很差 |
| 30~45 | 一般 | 0 | 车轮与路面脱离 |

### 2 悬架检测台结构和工作原理

悬架装置是汽车底盘的一个重要装置,通常由弹性元件、导向装置和减振器三部分组成。汽车悬架系统的故障将直接影响汽车的行驶平顺性、操纵稳定性和行驶安全性。因此,悬架装置的技术状况和工作性能,对汽车整体性能有着重要影响。所以,检测悬架装置的工作性能是十分重要的。

1) 汽车悬架检测方法的分类及检测台的命名

(1) 汽车悬架检测方法的分类。

汽车悬架装置工作性能的检测方法有经验法、按压车体法和检测台检测法三种类型。

经验法是通过人工外观检视的方法,主要从外部检查悬架装置的弹簧是否有裂纹,弹簧和导向装置的连接螺栓是否松动,减振器是否漏油、缺油和损坏等项目。

按压车体法既可以人工按压车体,也可以用检测台的动力按压车体。按压使车体上下运动,观察悬架装置减振器和各部件的工作情况,凭经验判断是否需要更换或修理减振器和其他部件。

检测台能快速检测、诊断悬架装置工作性能,并能进行定量分析。根据激振方式不同,悬架装置检测台可分为跌落式和共振式两种类型。其中,共振式悬架装置检测台根据检测参数的不同,又可分为测力式和测位移式两种类型。

(2)汽车悬架检测台的型号。

汽车悬架检测台型号由四部分组成,如图7-1所示。其中一部分由生产单位名的汉语拼音字母的两个缩写构成,第二部分由XX组成,表示谐振的"谐"字汉语拼音第一个字母大写,和表示悬架的"悬"字汉语拼音第一个字母大写。第三部分由三位阿拉伯数字组成,表示额定承载质量(kg)值的1/10数值表示,第四部分表示改进序号,用英文字母A、B、C…表示,例如□—XX—150A表示某某公司生产的额定承载质量为1500kg的第一次改进型谐振式汽车悬架装置检测台。

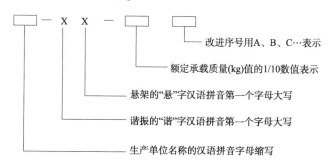

图7-1 汽车悬架检验台的型号

2)悬架检测台的工作原理

(1)跌落式悬架装置检测台。

测试时,先通过举升装置将汽车升起一定高度,然后突然松开支撑机构,车辆落下产生自由振动。用测量装置测量车体振幅或者用压力传感器测量车轮对台面的冲击压力,对振幅或压力分析处理后,评价汽车悬架装置的工作性能。

(2)共振式悬架装置检测台。

共振式悬架装置检测台如图7-2所示。通过检测台的电动机、偏心轮、蓄能飞轮和弹簧组成的激振器,迫使检测台台面及其上被检汽车悬架装置产生振动。在开机数秒后断开电动机电源,从而由蓄能飞轮产生扫频激振。由于电动机的频率比车轮固有频率高,因此蓄能飞轮逐渐降速的扫频激振过程总可以扫到车轮固有振动频率处,从而使台面与汽车系统产生共振。通过检测激振后振动衰减过程中力或位移的振动曲线,求出频率和衰减特性,便可判断悬架装置减振器的工作性能。

测力式悬架装置检测台和测位移式悬架装置检测台,一个是测振动衰减过程中的力,另一个是测振动衰减过程中的位移量,它们的结构如图7-3所示。由于共振式悬架装置检测台性能稳定、数据可靠,因此应用广泛。

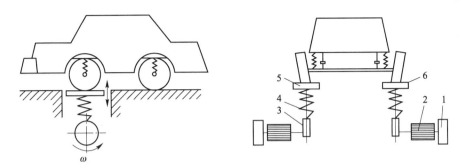

图 7-2 共振式悬架检测台
1-蓄能飞轮;2-电动机;3-偏心轮;4-激振弹簧;5-台面;6-测量装置

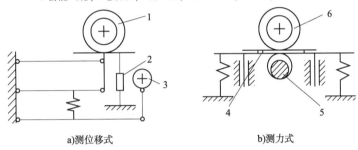

a)测位移式  b)测力式

图 7-3 测力式和测位移式悬架检测台结构
1、6-车轮;2-位移传感器;3-偏心轮;4-力传感器;5-偏心轴

3)共振式悬架装置检测台的结构

共振式悬架装置检测台一般由机械部分和电子电器控制部分组成。

(1)机械部分。

共振式悬架装置检测台的机械部分,由箱体和左右两套相同的振动系统构成,结构如图 7-4 所示。每套振动系统由上摆臂、中摆臂、下摆臂、支承台面、激振弹簧、驱动电动机、蓄能飞轮和传感器等构成。传感器一端固定在箱体上,另一端固定在台面上。

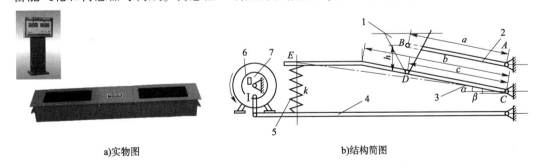

a)实物图  b)结构简图

图 7-4 共振式悬架检测台单轮支承结构简图
1-支承台面;2-上摆臂;3-中摆臂;4-下摆臂;5-激振弹簧;6-驱动电动机;7-偏心惯性结构

上摆臂、中摆臂和下摆臂通过三个摆臂轴和六个轴承安装在箱体上。上摆臂和中摆臂与支承台面连接,并构成平行四边形的四连杆机构,以保证上下运动时能平行移动,以及台面受载时始终保持水平。中摆臂和下摆臂端部之间装有弹簧。

驱动电动机的一端装有蓄能飞轮,另一端装有凸缘,凸缘上有偏心轴。连接杆一端通过轴承和偏心轴连接,另一端和下摆臂端部连接。

检测时,将汽车驶上支承平台,启动测试程序,驱动电机带动偏心机构使整个汽车—台面系统振动。激振数秒钟达到角频率为 $\omega_0$ 的稳定强迫振动后,断开驱动电机电源,接着由蓄能飞轮以起始频率为 $\omega_0$ 的角频率进行扫频激振。由于停在台面上车轮的固有频率处于 $\omega_0$ 和 0 之间,因此蓄能飞轮的扫频激振总能使汽车—台面系统产生共振。断开驱动电机电源的同时,启动采样测试装置,记录数据和波形,然后进行分析、处理和评价。

(2)电子电器控制部分。

共振式悬架装置检测台电子电器控制部分,主要由计算机、传感器、A/D 转换器、电磁继电器及控制软件等组成。控制软件是悬架装置检测台电子电器控制部分与机械部分联系的桥梁。软件不仅实现对悬架装置检测台测试过程的控制,同时也对悬架装置检测台所采集的数据进行分析和处理,并最终将检测结果显示和打印出来。

## 二 任务实施

### 1 准备工作

(1)将待检车辆停放在维修区域,车辆轮胎气压应符合各自的规定值(出厂标准),检查并清除轮胎上的油污、水渍和嵌入的石子、杂物等。

(2)检查悬架检测台工作是否正常,安全机构工作是否正常。

(3)检查悬架台及周围场地有无机油、石子、泥污等杂物,并清除干净。

### 2 技术要求与注意事项

1)技术要求

《营运车辆综合性能要求和检验方法》(GB 18565—2001)中规定:对于最大设计车速 ≥100km/h、轴载质量≤1500kg 的载客汽车,应用悬架检测台按规定的方法进行检测悬架特性,受检车辆的车轮在受外界激励振动下测得的吸收率,即被测汽车共振时的最小动态车轮垂直载荷与静态车轮垂直载荷的百分比值(又称车轮接地性指数),应不小于 40%,同轴左右轮吸收率之差不得大于 15%。

2)悬架检测台的使用注意事项

(1)汽车悬架检测台的管理人员、操作人员、引车员、维修人员必须通过上岗培训并取得合格证。

(2)使用汽车悬架检测台进行测试时,操作人员和引车员必须按检测台软件界面和点阵屏提示进行操作。

(3)开机前必须按使用说明书的要求对悬架振动台与被测车辆做好准备工作,运行程序时必须按使用说明书来进行。

(4)操作人员在测试过程中应注意有无异常现象,如异响、异常振动等。

### 3 操作步骤

1)KXJ-3 汽车悬架检测台的技术参数

最大通过轮荷:2000kg;

最大检测轮荷:1500kg;
称重示值分度值:1kg;
振动板尺寸:700mm×300mm;
振幅:6mm;
振动频率:>15Hz;
车轮直径:500~800mm;
同轴轮胎内侧最小距离:850mm;
同轴轮胎外侧最大距离:2000mm;
电源功率:2×2.2kW;
外形尺寸(L×W×H):2390mm×450mm×275mm;
设备质量:410kg;
电机电源:AC 3相380V/50Hz,带接地;
使用环境温度:0~40℃;
使用环境湿度:≤90%。

2)悬架检测台的操作

(1)合上总电源开关。

(2)按下电气控制柜上的SB1按钮,接通检测台控制系统电源。

(3)预热10min,打开控制计算机和打印机电源,若计算机显示屏出现检测程序画面,则表示系统已进入测试状态。

(4)汽车轮胎规格、气压应符合规定值;车辆空载,不乘人(含驾驶员)。

(5)将被测车辆居中停放在测试台上,切勿倾斜和偏移,关闭发动机,松开驻车制动,变速杆放在空挡位置(图7-5)。

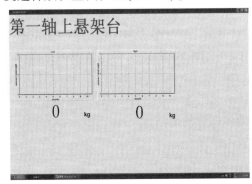

图7-5 车辆停放在悬架检测台

(6)根据计算机界面提示输入相关的汽车资料。

(7)检测台先检测出前轴左右轮的轴重(图7-6)。

(8)启动检测台,使激振器迫使汽车悬架产生振动,振动频率逐步增加至超过共振频率。

(9)在共振点过后,将激振源关断,振动频率减少,并将通过共振点。

(10)记录衰减振动曲线(图7-7),纵坐标为动态轮荷,横坐标为时间;测量共振时的动态轮荷,计算并显示动态轮荷与静态轮荷的百分比及其同轴左右轮这个百分比的差值。

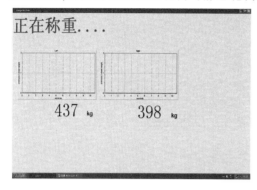

图 7-6　测量轴重　　　　　　　　图 7-7　前轴衰减振动曲线测绘及悬架吸收率的检测

（11）将车辆后轮驶入检测台,检测后轴左右轮的轴重如图 7-8 所示。

（12）启动检测台,使激振器迫使汽车悬架产生振动,振动频率逐步增加至超过共振频率;在共振点过后,将激振源关断,振动频率减少,并将通过共振点。记录衰减振动曲线,纵坐标为动态轮荷,横坐标为时间;测量共振时的动态轮荷（图 7-9）,计算并显示动态轮荷与静态轮荷的百分比及其同轴左右轮百分比的差值。

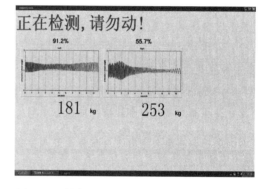

图 7-8　测量后轴轴重　　　　　　图 7-9　后轴衰减振动曲线测绘及悬架吸收率的检测

（13）测试完成,将车辆驶离检测台。

3）汽车悬架检测台的维护

（1）设备不应受潮和强烈阳光的直射,应保持各部分的清洁。

（2）不可把水弄到检验台内,特别是控制装置内。

（3）使用前清除设备盖板上的油、水、泥沙等杂物。

（4）被检车辆一般应为空载,最大载荷不得超过 1600kg,通过检验台时速度不能过高。

（5）每周检查机柜内的接线,清理各线路板上的灰尘,以防短路。

（6）每月检查一次承载板螺栓是否有松动。

（7）每半年给机体内各轴承加注一次润滑油。

（8）每半年检查一次传感器是否松动。

4）悬架检测台常见故障分析与排除

悬架检测台常见故障与排除见表7-2。

悬架检测台常见故障与排除　　　　表7-2

| 故障现象 | 故障原因 | 处理方法 |
| --- | --- | --- |
| 悬架检测台工作噪声大 | 振动板面板螺钉松动 | 检查并拧紧 |
| | 传感器固定螺钉松动 | 检查并拧紧 |
| | 联轴器胶圈损坏 | 更换胶圈 |
| 悬架检测台轮荷数据异常 | 传感器固定螺钉松动 | 检查并拧紧 |
| | 传感器损坏 | 检查并更换传感器 |
| | 四个传感器不在一个平面 | 调整传感器水平 |

### 三　学习拓展

悬架检测台的检定应按照《汽车悬架装置检测台》(JT/T 448—2001)进行。

#### 1 基本要求

(1)汽车悬架装置检测台应按照规定程序批准的设计图样和技术文件组织生产并符合本标准要求。

(2)所用原材料、外购、外协件应符合相应标准要求,并附有合格证或有关证明其质量的认证性文件。

(3)检测台在以下环境条件下应能正常工作。

①环境温度:0～40℃。

②环境湿度:不大于85%。

③电源:$380\times(1\pm10\%)$ V,$50\times(1\pm2\%)$ Hz。

④工作环境周围的污染、振动、电磁干扰对测试结果无影响。

#### 2 外观质量

(1)检测台外表面应平整、光洁、不得有明显的磕伤、划痕;涂层表面膜均匀,金属基底必须经过除油,防锈处理。

(2)所有螺栓、螺母应经过表面处理,并连接牢固;重要螺栓的连接应符合设计文件规定力矩要求。

(3)焊接件的焊缝应平整、均匀,不得有焊穿、裂纹、脱焊、漏焊等缺陷,并清除焊渣。

(4)各种开关、按钮、旋钮、仪表都应有明显和清晰的文字或符号标识,且操作灵活可靠。

(5)各种仪表显示应清晰,没有影响读数的缺陷。

#### 3 空载变动和零点漂移的要求

(1)检测台空载变动不应大于0.15%额定承载质量。

(2)检测台30min的零点漂移不应超过0.15%额定承载质量。

#### 4 示值误差

检测台示值误差应符合表7-3的要求。

汽车检测设备的使用与维护

示　值　误　差　　　　　　　　　　　　　　　　　　表7-3

| 承载质量<br>（kg） | 吸收率重复率<br>（%） | 吸收率偏置误差<br>（%） | 承载质量示值误差<br>（%） | 左右台承载质量示值误差<br>（%） |
|---|---|---|---|---|
| 150≤承载质量<400 | 2 | 3 | ≥5 | 2 |
| 承载质量≥400 | | | ≥3 | |

**❺ 鉴别力阈**

鉴别力阈不大于1.5d(1000个分度值)。

**❻ 起始激振频率**

起始激振频率 $f≥15\text{Hz}$。

**❼ 稳态可用度**

检测台120%额定承载质量状态下，静压2h后进行测试，应符合各项要求。检测台的稳态可用度不小于0.95。

**❽ 控制系统**

（1）控制系统应该有良好的绝缘性能，在动力电路导线和保护接地电路间施加500V（DC）时测得的绝缘电阻值应不小于1MΩ。

（2）检测台应有可靠的接地装置和明显的接地标志，接地电阻值不得大于0.1Ω。

（3）电气元件、附件、插接件装配牢靠，布线合理、整齐、焊点光滑、无虚焊、错焊。

（4）指示灯、按钮和导线的颜色应符合相关国家标准规定。

（5）控制系统应根据负荷的大小安装熔断器或断路器，电机控制应有过载断相保护装置。

**❾ 示值保留时间**

检测台检测完成后，显示装置显示值应在5s内稳定，示值保留时间不少于8s。

**❿ 试验仪器及量具**

（1）砝码、测力计、转速仪、兆欧表、接地电阻测量仪、万用表、标尺、试验用仪器必须经过检定合格，并在检定有效期内。

（2）用砝码检定的。0.1kg、2×0.2kg、2×0.5kg、2×1kg、2×2kg、5kg一组砝码以及与50%额定承载质量相当的一组砝码，准确度61级（M22）。

（3）用传感器检定的。压力传感器测量范围不小于50%额定承载质量，准确度为C3级，三次仪表不低于3000分度，反力架或千斤顶等测量用工具。

## 四　评价与反馈

**❶ 自我评价**

（1）通过本学习任务的学习你是否已经知道以下问题：

①在汽车综合性能检测站，通常用汽车悬架检测台对汽车悬架特性进行检测，用什么指标进行检测？

## 项目四  汽车安全性能检测设备的使用与维护

②车悬架检测方法一般有哪几种？

_____

（2）检测车辆悬架性能的操作过程中用到了哪些设备，在操作过程应注意哪些问题？

_____

（3）悬架实验台的操作流程有哪些？

_____

（4）通过本学习任务的学习，你认为自己的知识和技能还有哪些欠缺？

_____

　　　　　　　　　　签名：_____　　　　____年___月___日

**❷ 小组评价**（表7-4）

小组评价表　　　　　　　　　　　　　　　表7-4

| 序号 | 评价项目 | 评价情况 |
| --- | --- | --- |
| 1 | 着装是否符合要求 | |
| 2 | 是否能合理规范地使用仪器和设备 | |
| 3 | 是否按照安全和规范的流程操作 | |
| 4 | 是否遵守学习、实训场地的规章制度 | |
| 5 | 是否能保持学习、实训场地整洁 | |
| 6 | 团结协作情况 | |

　参与评价的同学签名：_____　　____年___月___日

**❸ 教师评价**

_____

_____

　　　　　　　　教师签名：_____　　　　____年___月___日

### 五　技能考核标准

根据学生完成实训任务的情况对学习效果进行评价。技能考核标准见表7-5。

技能考核标准表　　　　　　　　　　　　　　　表7-5

| 序号 | 项目 | 操作内容 | 规定分 | 评分标准 | 得分 |
| --- | --- | --- | --- | --- | --- |
| 1 | 课前准备 | 个人工作服着装清洁整齐 | 5分 | 劳动保护整洁有效得5分，否则扣1~5分 | |
| 2 | | 课前分组集队整齐迅速 | 5分 | 集队整齐迅速得5分，否则扣1~5分 | |
| 3 | 悬架检测台的使用 | 悬架检测台检查 | 10分 | 悬架检测台运行正常，表面整洁得10分，否则扣1~10分 | |
| 4 | | 待检车辆检查 | 10分 | 车辆检查符合要求得10分，否则扣1~10分 | |
| 5 | | 测量前轮左右轮轴重 | 5分 | 能读取前轮左右轮轴重，记录检测数据得5分，否则扣1~5分 | |

续上表

| 序号 | 项目 | 操作内容 | 规定分 | 评分标准 | 得分 |
|---|---|---|---|---|---|
| 6 | 悬架检测台的使用 | 读取前轮悬架吸收率 | 10分 | 能读取前轮左右轮悬架吸收率数据,得10分,否则扣1~10分 | |
| 7 | | 测后轮量左右轮轴重 | 5分 | 进入悬架检测界面能读取前轮左右轮轴重,记录检测数据扣5分,否则扣1~5分 | |
| 8 | | 读取后轮悬架吸收率 | 10分 | 能读取后轮左右轮悬架吸收率数据,得10分,否则扣1~10分 | |
| 9 | | 关闭检测台,将车辆驶离检测台 | 5分 | 将车辆驶离检测台,切断电源得5分,否则扣1~5分 | |
| 10 | | 对照国标,能对检测参数进行判断悬架技术状况 | 10分 | 能确定技术状况得10分,否则扣1~10分 | |
| 11 | 悬架检测台的维护 | 清洁悬架检测台 | 5分 | 能清除悬架检测台上的杂物得5分,否则扣1~5分 | |
| 12 | | 检查机柜内的线路 | 5分 | 能检查悬架检测台线路得5分,否则扣1~5分 | |
| 13 | | 对承载板螺栓、各轴承、传感器进行检查 | 10分 | 能检查承载板螺栓、各轴承、传感器进行检查得10分,否则扣1~10分 | |
| 14 | 现场管理 | 整个操作过程现场布局、清理、清扫整理 | 5分 | 现场管理整洁有序得5分,否则扣1~5分 | |
| | 总 分 | | 100分 | 得 分 | |

## 学习任务8　汽车制动试验台的使用与维护

### 学习目标

**知识目标**

1. 了解汽车制动试验台的检查项目;
2. 理解汽车制动试验台的结构原理;
3. 熟悉汽车制动试验台的检测项目的国家标准。

**技能目标**

1. 会操作汽车制动试验台进行制动检测;
2. 会对汽车制动试验台进行检查和维护工作。

**建议课时**

8课时。

项目四 汽车安全性能检测设备的使用与维护

某车主反映其驾驶的汽车制动距离过长。现该车主委托检测站对该汽车进行制动性能情况检测,以供检修汽车制动器参考使用。现该车已停放在你所负责的工位,请你使用汽车制动试验台对其进行制动情况检测。

## 一 理论知识准备

制动性能是汽车重要使用性能之一,对汽车制动性能的检测和故障诊断尤为重要,根据《机动车运行安全技术条件》(GB 7258—2012)强制性国家标准,当前采用的制动性能测试可分为道路试验检测法(路试检测法)或台架试验检测法(台试检测法)。路试检测只能在室外进行,台试检测法是汽车检测站采用的主要方法,台架检测法主要通过检测制动力、汽车的制动协调时间、汽车车轮阻滞力和制动完全释放时间等参数来检测汽车行车制动性能和应急制动性能。用驻车制动力检测汽车驻车制动性能。目前,国内汽车综合性能检测站所用的制动检测设备多为反力式滚筒制动试验台和平板式制动试验台。

(一)检测参数及国家标准要求

**1 制动力**

1)轴制动力

在单轴制动过程中的任一时刻,该轴上所有车轮的制动力之和称为该时刻的轴制动力。

(1)前轴制动力因数:前轴最大制动力与前轴重力之比值称为前轴制动因数。

(2)整车制动力因数:整车四轮最大制动力和与前后轴静态重力和之比值称为整车制动因数。

(3)制动力台试检验要求见表8-1。

台试检验制动力要求　　　　　　　　　　　　　　　表8-1

| 车辆类型 | 制动力总和与整车质量的百分比(%) | | 轴制动力与轴荷的百分比(%) | |
|---|---|---|---|---|
| | 空载 | 满载 | 前轴 | 后轴 |
| 乘用车、其他总质量不大于3500kg的汽车 | ≥60 | ≥50 | ≥60 | ≥20 |
| 铰接客车、铰接式无轨电车、汽车列车 | ≥55 | ≥45 | — | — |
| 其他汽车 | ≥60 | ≥50 | ≥60 | ≥50 |

①用平板制动试验台检验乘用车时应按左右制动力最大时刻所分别对应的左右轮动态轮荷之和计算。

②机动车(单车)纵向中心位置以前的轴为前轴,其他为后轴;挂车的所有车轴均按后轴计算;用于平板制动试验台测试并装轴制动力时,并装轴可视为一轴。

③空载和满载状态下测试均应满足此要求。

④满载测试时后轴制动力百分比不做要求;空载用平板制动试验台时应≥35%;总质量大于3500kg的客车,空载用反力滚筒式制动试验台测试时应≥40%,应用平板制动试验台检验时应≥30%。

2)制动力平衡因数

在单轴制动过程中的任一时刻,左轮制动力与右轮制动力之差的绝对值与左右制动合力达到最大时左右轮制动力较大者之比值称为该时刻的制动力平衡因数。

3)国家标准要求

制动力平衡要求(两轮、边三轮摩托车和轻便摩托车除外)在制动力增长全过程中同时测得的左右轮制动力差的最大值,与全过程中测得的该轴左右轮最大制动力中大者(当后轴及其他轴制动力小于该轴轴荷的60%时为该轴轴荷)之比,对新注册车和在用车应分别符合表8-2的要求。

台试检验制动力平衡要求　　　　　　　　　　　　　　表8-2

| 车类型 | 前轴 | 后轴(及其他轴) | |
|---|---|---|---|
| | | 轴制动力大于等于该轴轴荷60%时 | 轴制动力小于该轴轴荷60%时 |
| 新注册车 | ≤20% | ≤24% | ≤8% |
| 在用车 | ≤24% | ≤30% | ≤10% |

**2 车轮阻滞力及阻滞力因数**

(1)阻滞力:是指行车和驻车制动装置处于完全释放状态,变速杆置空挡位置时,试验台驱动车轮所需的作用力。如果过大,车轮阻滞力对汽车的动力性能、经济性能有明显的影响,考核车轮阻滞力的目的是为了解制动器是否拖滞,车轮阻滞力大小取决于轮毂总成、制动器总成、半轴总成的维护情况,只有对这些部位进行调整、润滑等维护作业才能有效减少车轮阻滞力。

(2)车轮阻滞因数:车轮阻滞力与轴重的比值称为车轮阻滞因数。

(3)车轮阻滞力国家标准要求:进行制动力检验时,汽车、汽车列车各车轮的阻滞力均应小于等于轮荷的10%。

**3 驻车制动力**

(1)最大驻车制动力:在驻车制动全过程中,驻车轴制动力的最大值称为最大驻车制动力。

(2)驻车制动因数:最大驻车制动力与整车静态重力之比值称为驻车制动因数。

(3)驻车制动国家标准要求。

当采用制动检验台检验汽车和正三轮摩托车驻车制动装置的制动力时,机动车空载,乘坐一名驾驶人,使用驻车制动装置,驻车制动力的总和应大于等于该车在测试状态下整车质量的20%,但总质量为整备质量1.2倍以下的机动车应大于等于15%。

**4 制动协调时间**

(1)制动协调时间:是指在急踩制动时,从脚接触制动踏板(或手触动制动手柄)时起至机动车减速度(或制动力)达到规定的机动车充分发出的平均减速度(或所规定的制动力)的75%时所需的时间。

(2)汽车的制动协调时间国家标准要求:对液压制动的汽车应≤0.35s,对气压制动的汽车应≤0.60s;汽车列车和铰接客车、铰接式无轨电车的制动协调时间应≤0.80s。

(二)制动试验台结构与工作原理

### ❶ 制动试验台的类型

制动试验台根据不同分类方法有多种类型,按试验台测量原理不同,可分为反力式和惯性式两类;按试验台支承车轮形式不同,可分为滚筒式和平板式两类;按试验台检测参数不同,可分为测制动力式、测制动距离式和多功能综合式三类;按试验台测量装置至指示装置传递信号方式不同,可分为机械式、液压式和电气式三类;按试验台同时能测车轴数不同,又可分为单轴式、双轴式和多轴式三类。上述类型中,单轴测力式(测制动力)滚筒制动试验台应用最广泛。

### ❷ 单轴反力式滚筒制动试验台

单轴测力式滚筒制动试验台的结构如图8-1所示。它由框架、驱动装置、滚筒装置、测量装置、举升装置和指示与控制装置等组成。

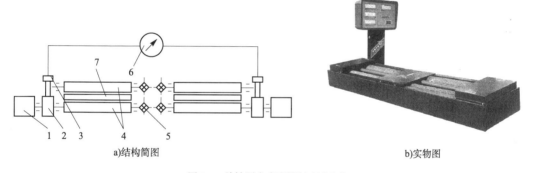

图8-1 单轴测力式滚筒制动试验台
1-电动机;2-减速器;3-测量装置;4-滚筒装置;5-链传动;6-指示与控制装置;7-举升装置

(1)驱动装置。

驱动装置由电动机和减速器(扭力箱)构成,如图8-2所示。电动机输出的转矩和转速经减速器的减速增扭后,驱动滚筒装置的后滚筒旋转。主滚筒与从动滚筒由链传动连接而同步旋转。减速器与主动滚筒共用一轴,减速器壳体处于浮动状态。减速器外壳由两个轴承浮动安装在支架上,可以绕后滚筒中心线摆动。车轮制动时,该壳体能绕轴摆动,把制动力矩传递给测力杠杆。

(2)滚筒装置。

滚筒装置由左、右独立设置的两对滚筒构成,

图8-2 制动试验台驱动装置

如图8-3所示,可以单独测试同一轴左、右车轮的制动力。一般四个滚筒直径相等,滚筒两端由滚动轴承支撑并安装在支架上。前后滚筒间采用链传动。当驱动装置驱动后滚

筒,并通过链条前滚筒旋转时,滚筒装置作为活动路面,支撑被测车轮,传递动力和使车轮旋转,并在制动试验时传递制动力。

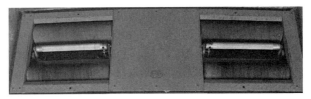

图 8-3　制动试验台滚筒装置

不同型号的制动试验台的滚筒直径不一,一般直径在 105~300mm 之间;滚筒线速度在 0.1~5km/h 之间。为提高滚筒与轮胎间的附着系数,需对滚筒表面进行专门处理,处理方法有:

①开有纵向浅槽的金属滚筒。
②表面粘有熔烧铝矾土砂粒的金属滚筒。
③表面具有嵌砂喷焊层的金属滚筒。
④高硅合金铸铁滚筒。
⑤表面带有特殊水泥覆盖层的滚筒。

有的滚筒制动试验台在主、从动滚筒之间设置一直径较小,既可自由转动又可上下摆动的第三滚筒,平时由弹簧使其保持在最高位置。而在设置有第三滚筒的制动试验台上,大都取消了举升装置。另外,第三滚筒上带有转速传感器,其作用是一旦检测时车轮制动抱死,其上的转速传感器送出的电信号可使滚筒立即停转,防止轮胎剥伤。

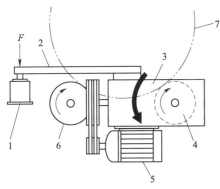

图 8-4　测力装置和驱动装置示意图
1-压力传感器;2-测力杠杆;3-减速器;4-主动滚筒;5-电动机;6-从动滚筒;7-车轮

(3)测量装置。

测量装置主要由测力杠杆和传感器组成,如图 8-4 所示。测力杠杆一端与传感器连接,另一端与减速器壳体连接,被测车轮制动时,测力杠杆与减速器壳体将一起绕主动滚筒(或绕减速器输出轴)轴线摆动。传感器将测力杠杆传来的与制动力成比例的力(或位移)转变成电信号输送到指示与控制装置。

(4)举升装置。

为了便于汽车出入试验台,在两滚筒之间设有举升装置。举升装置一般由举升器、举升平板和控制开关等组成,举升器有气压式、液压式和电动式等形式。

(5)指示与控制装置。

指示装置有电子式与计算机式之分。电子式的指示装置多配以指针式仪表,这种仪表有一轴单针式和一轴双针式两种形式,单针式只指示一个车轮的制动力,左右车轮需分别设置,双针式可同时指示左右轮制动力。计算机式指示装置多配以数字式显示器。控制装置有手动式和计算机自动式两种。带计算机的指示与控制装置主要由计算机、放大器、A/D 转换器、数字显示器和打印机等组成,其控制框图见图 8-5。

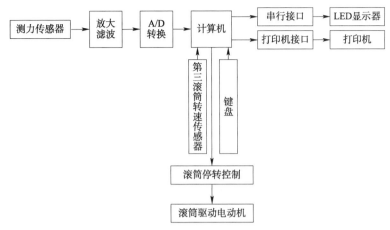

图 8-5　计算机控制框图

### ❸ 制动试验台检测原理

将被检车左右车轮置于每对滚筒之间,用电动机通过减速器、链传动使主、从动滚筒带动车轮旋转,然后用力踩下制动踏板,车轮给滚筒一个与其转动方向相反的摩擦作用力矩,该力矩大小与滚筒对车轮的制动力矩相等,并驱动浮动的减速器壳体偏转,迫使连接在减速器壳体上的测力杠杆产生位移,通过测力传感器转换成反映制动力大小的电信号,由计算机采集、处理后,指令电动机停转,并由指示装置指示或由打印机打印检测到的数值。

制动力的诊断参数标准是以轴制动力占轴荷的百分比为依据的,因此必须在测得轴荷及轴制动力后才能评价轴制动性能,所以,测力式滚筒制动试验台需要配备轴重计或轮重仪,有些制动试验台本身带有内置式轴重测量装置。

### ❹ 平板式制动试验台

1)平板式制动试验台结构

平板式制动试验台主要组成:测试平板、控制和显示装置、辅助装置等,如图 8-6 所示。

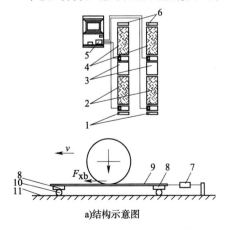
a)结构示意图

b)实物图

图 8-6　平板式制动试验台结构图

1-前引板;2-前测试平板;3-过渡板;4-后测试平板;5-控制和显示装置;6-后引板;7-拉力传感器;8-压力传感器;9-面板;10-钢球;11-底板

(1)测试平板。

共有四块相互独立测试平板,这样在一次制动试验中4个车轮的制动力及轮重可同时检测。测试平板组成有面板、底板、钢球和力传感器等。底板固定在水平地面上作为底座,面板通过压力传感器和钢球支承在底板上,拉力传感器在纵向将平板与底板相连,而检测纵向拉力。

(2)控制和显示装置。控制与显示装置是一个以计算机为核心的数据采集、分析、处理和显示系统。计算机对传感器输出信号进行高速采样,然后处理、计算,按要求显示出各轮制动力、轴制动力、左右轮制动力差、全车制动力、制动协调时间、制动释放时间等测试数据,进而判定制动性是否合格,同时还能给被检车驾驶员提供操作指令。

(3)辅助装置。

辅助装置包括前、后引板和中间过渡板,目的是方便汽车平稳地上下制动试验台。

2)平板式制动试验台检测原理

平板式制动试验台是借助汽车在测试平板上的实际紧急制动过程来测定汽车前、后轮制动力的。检测时,汽车以5~10km/h速度驶上平板,变速杆挂入空挡并紧急制动,车轮在惯性力作用下,对测试平板作用一大小与车轮制动力相等、方向与汽车行驶方向相同的作用力,该作用力传给纵向拉力传感器,传感器则将其转换成电信号输入放大器,同时压力传感器将各轮重也转换成电信号输入放大器,然后通过控制装置处理并由显示装置显示检测结果。

3)平板式制动试验台检测特点

(1)汽车在平板试验台上的制动过程与汽车在道路上的制动过程较为接近,能更好反映车辆的实际制动性能。

(2)平板式试验台不需模拟汽车转动惯量,结构简单,较容易与轮重仪、侧滑仪组合在一起,使车辆测试方便且效率高。

(3)平板式制动试验台的缺点是:测试重复性差、占地面积大、需要助跑车道,不利于流水作业等,所以目前国内尚未广泛采用。

## 二 任务实施

### 1 准备工作

(1)将待检车辆停放在维修区域,车辆轮胎气压应符合各自的规定值(出厂标准),检查并清除轮胎上的油污、水渍和嵌入的石子、杂物等。

(2)检查制动实验台工作是否正常,安全机构工作是否正常。

(3)检查制动实验台及周围场地有无机油、石子、泥污等杂物,并清除干净。

### 2 技术要求与注意事项

(1)乘用车制动力国家标准要求为:制动力总和与整车重量的百分比在空载时应≥60%,满载时≥50%;轴制动力与轴荷的百分比前轴≥60%,后轴≥20%。

(2)制动力平衡因数国家标准要求为:新注册车前轴≤20%,在用车前轴≤24%;新注册车后轴轴制动力大于等于该轴轴荷60%时≤24%,在用车后轴轴制动力大于等于该轴轴荷60%时≤30%,新注册车后轴轴制动力小于该轴轴荷60%时≤8%,在用车后轴轴制动力小于该轴轴荷60%时≤10%。

(3)车轮阻滞力国家标准要求:进行制动力检验时,汽车、汽车列车各车轮的阻滞力均应小于等于轮荷的10%。

(4)驻车制动力国家标准要求:当采用制动检验台检验汽车和正三轮摩托车驻车制动装置的制动力时,机动车空载,乘坐一名驾驶人,使用驻车制动装置,驻车制动力的总和应大于等于该车在测试状态下整车质量的20%,但总质量为整备质量1.2倍以下的机动车应大于等于15%。

### 3 操作步骤

KZD-3 制动试验台的使用

1) 制动试验台相关技术参数

最大通过轮荷:2000kg;

最大检测轮荷:1500kg;

制动力检测范围:0~12000N;

制动力示值分度值:1N;

滚筒与传感器比例:1.5N:1N;

粘砂滚筒直径:200mm;

粘砂滚筒长度:700mm;

附着系数(干/湿):>0.85/0.6;

两粘砂滚筒中心距:381mm;

粘砂滚筒检测速度:2.4km/h;

车轮直径:500~800mm;

同轴轮胎内侧最小距离:850mm;

同轴轮胎外侧最大距离:2000mm;

电动机功率:2×2.2kW;

外形尺寸(L×W×H):2390mm×725mm×275mm;

设备质量:530kg;

电机电源:AC3相380V/50Hz,带接地;

使用环境温度:0~40℃;

使用环境湿度:≤90%。

2) 操作步骤

(1)接通试验台总电源,按说明书要求预热至规定时间。

(2)进入录入车辆信息,进入制动性能检测界面。

(3)汽车从其纵向中心线与滚筒轴线垂直的方向驶入试验台。先前轴,再后轴,使车轮处于两滚筒之间的举升平板上,如图8-7所示。

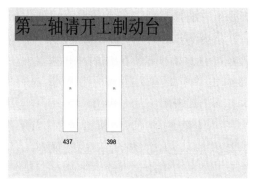

图 8-7　车辆驶入制动试验台

（4）汽车停稳后，变速器置于空挡位置，脚、手制动处于放松状态，能测制动协调时间的试验台还应将脚踏开关套装在制动踏板上。

（5）降下举升平板，至轮胎与举升平板完全脱离为止。

（6）启动电动机，使滚筒带动车轮旋转，待转速稳定后，从仪表上读取车轮阻滞力数值（图 8-8）。

（7）按提示"慢慢踩制动踏板至极限"，驾驶员应该在 3s 左右完成该动作，测得前轴左、右轮制动力值。一般试验台在 1.5～3.0s 后或第三滚筒发出车轮即将抱死的信号后滚筒自动停转（图 8-9）。

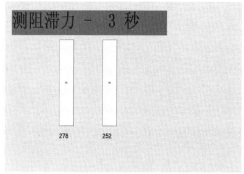
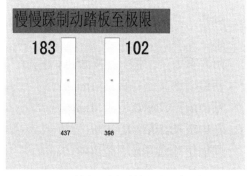

图 8-8　制动试验台车轮阻滞力检测数据　　　图 8-9　制动试验台前轴制动力检测数据

（8）检测完成前轮制动力，滚筒自动启动，升起举升平板，驶出已测前轮。按上述相同方法驶入后轮，并检测后轮制动力，如图 8-10 所示。

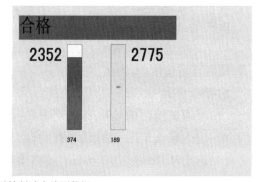

图 8-10　制动试验台后轴制动力检测数据

(9) 检测完后轮制动力,车辆后轮仍停在制动检测台上,进行驻车力检测,根据提示将驻车制动拉至极限,测得驻车制动力(图8-11)。

(10) 所有车轴的行车制动和驻车制动性能检测完毕后,升起举升平板,汽车驶出试验台。

(11) 切断试验台总电源。

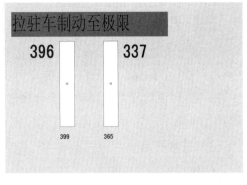

图8-11 制动试验台驻车制动力检测数据

**4 制动试验台的维护**

(1) 每周维护。

除了进行使用前的维护项目外,还应检查滚筒轴承座和减速器、电动机等支承轴承座处的螺栓是否松动。如是,应予紧固。

(2) 每季维护。

除进行每周维护项目外,还应检查滚筒轴承处的润滑情况。如有脏污或干涸时,应按厂家规定的油品加注润滑脂,检查传感器与力臂之间的间隙。

(3) 每半年维护。

除进行每季维护项目外,还应进行如下项目的维护:

①检查滚筒有无运转杂音或损伤。如有,应予修理。

②检查减速器内润滑油的储油量及脏污程度,应按厂家规定的油品进行补充或更换。

③拆下链条罩,检查链条脏污和张紧情况。链条脏污时要彻底清洗、润滑。若松紧度不合适应重新调整张紧,若链条磨损严重时应予更换。

(4) 每年维护。

除进行每半年维护项目外,还须接受计量部门对试验台的检定或自检,以便保证试验台的测试精度。

**5 制动试验台故障诊断与排除**

制动试验台常见故障及排除方法见表8-3。

制动实验台常见故障及排除方法　　　　表8-3

| 故障现象 | | 故障原因 | 排除方法 |
|---|---|---|---|
| 制动试验台工作异常 | 电动机不转 | 供电电源不正常 | 检查供电电源 |
| | | 三相空气开关断开 | 检查并合上 |
| | 电动机转动 | 第三轴开关间隙大 | 调整开关间隙为3mm |
| | | 信号线脱落 | 检查信号线 |
| | | 第三轴开关损坏 | 检查并更换开关 |
| | 噪声大 | 传感器与力臂间隙过大 | 调整传感器与力臂间隙 |
| 制动试验台数据异常 | | 传感器的固定螺丝松脱 | 检查并拧紧传感器固定螺钉 |
| | | 传感器与力臂间隙过大或过小 | 调整传感器与力臂间隙 |
| | | 电动机电源相序是否正确 | 检查并调换电源相序 |

## 三 学习拓展

滚筒反力式制动试验台的检定应按照《滚筒反力式制动试验台检定规程》(JJG 906—2009)、(GB/T 13564—2005)《滚筒反力式制动试验台》,并参照《机动车安全检定技术条件第2部分:滚筒反力式制动试验台检定技术条件》(GB/T 11798.2—2001)进行,主要包括以下内容。

### 1 技术要求

1)检查外观及性能

(1)试验台应有清晰的铭牌,标有设备型号、设备名称、额定载荷、出厂编号、制造厂名和出厂日期。

(2)各操纵件如开关、按钮及插座、接线端子等应有明显的文字或符号标识,符号标识应符合有关标准的规定;操纵件的操作应灵活可靠,无松动或卡滞等现象。

(3)指针式仪表,表盘应清晰、指针能调零、不弯曲,回转应平稳、灵活,不应有跳动、卡住和阻滞现象;数字显示应在5s内稳定,示值保留时间不少于8s。

(4)组成制动台的各零部件应完整无缺、安装正确、连接定位可靠。运动件运动灵活、平稳,无卡滞现象。

(5)滚筒表面不得有损伤轮胎及影响测量的缺陷。

2)电气系统安全性

(1)侧滑台应有保护接地端子,该端子旁应有清晰的接地标识。保护接地端子应通过专用的黄绿导线与保护接地点可靠连接。

(2)侧滑台的电气系统,其安全性应符合国家标准中额定工作电压不超过500V的Ⅰ类安全仪器及绝缘电阻值不小于5MΩ的规定。

3)滚筒

(1)滚筒轴线平行度不超过1mm。

(2)粘砂滚筒中段,占滚筒全长80%的表面的局部磨损量不应超过1.5%粘砂滚筒标称直径。

4)零位误差和零点漂移

(1)零位误差:不超过±0.2%(F.S即满量程"full scale"的缩写)。

(2)零位漂移:30min 不大于0.2(F.S)。

5)示值误差及示值间差

(1)示值误差:不超过±0.00045$G$ 或±5%$G$。(注:1. $G$——额定载荷,N;2. 额定载荷不大于30kN 的制动台,当轮制动力不大于0.015$G$ 时允许示值误差不超过±22.5N)。

(2)示值间差:不大于0.00045$G$ 或3‰。(注:额定载荷不大于50kN 的制动台,当轮制动力不大于0.015$G$ 时允许示值误差不超过±22.5N)。

(3)配有打印装置或配置在计算机控制的机动车检测线上的制动台,仪表显示值、打印值或线上计算机显示值均应符合以上示值误差和示值间差要求。

## 项目四 汽车安全性能检测设备的使用与维护

6) 灵敏阈

制动力改变1%(F.S),示值应有变化。

7) 当量附着系数

制动台左右两部分的当量附着系数均应不低于0.65,左右两部分当量附着系数之差应不大于0.05。

### ❷ 检定环境要求

(1) 进行检定时工作环境应保持温度为0~40℃。

(2) 相对湿度≤85%的稳定状态。

(3) 电源电压:额定电压±10%。

(4) 检定应在周围无影响测量的污染、振动、噪声和电磁干扰的环境下进行。

### ❸ 检定所需试验设备及工量具

检定所需试验设备及工量具见表8-4。量具须经计量部门检定有效合格并且在有效期内。

检定所需试验设备及工量具　　　　　　表8-4

| 名　称 | | 规　格 | 准确度 | 数　量 |
|---|---|---|---|---|
| 长量爪游标卡车 | | 300mm | 分度值0.05mm | 1 |
| 内径千分尺 | | 7~575mm | 分度值0.01mm | 1 |
| 平尺 | | 500mm | 1级 | 1 |
| 塞尺 | | Ⅰ型 | 2级 | 1 |
| 绝缘电阻表(兆欧表) | | 量程不小于100kΩ 测量电压500V | — | 1 |
| 方法一 | 专用加载杠件 | — | ±3% | 1 |
| | 砝码一组 | 0.1kg,0.2kg,0.5kg, 1kg,2kg,5kg,10kg,20kg | $6_2$级 ($M_2$级) | 0.2kg,2个;2kg,2个; 20kg,$n$个;其余,1个 |
| | 水平仪 | — | 0.02mm/m | 1 |
| 方法二 | 制动力检定仪 | 100kN | ±1% | 1 |
| | 机械式千斤顶 | 5t | — | 1 |

注:1. 方法一、方法二允许根据实际情况选用其中一种。

2. 20kg砝码的数量按下式计算:

$$n = 7G \cdot D/800L \cdot g$$

式中:$n$——砝码数量;

$G$——制动台额定载荷,N;

$D$——主动滚筒直径,mm;

$L$——专用加载杠杆的力臂长,mm;

$g$——检定地点的重力加速度,m/s$^2$

汽车检测设备的使用与维护

## 四 评价与反馈

### ❶ 自我评价

(1)通过本学习任务的学习你是否已经知道以下问题：

①制动试验台进行车辆的制动性能试验时,要对车辆的哪些部件进行测量？

②检测车辆的制动性能的操作过程中用到了哪些设备,在操作过程应注意哪些问题？

(2)制动试验台的操作流程有哪些？

(3)制动维护时应进行哪些工作？

(4)通过本学习任务的学习,你认为自己的知识和技能还有哪些欠缺？

签名：＿＿＿＿＿＿＿　　＿＿＿年＿＿月＿＿日

### ❷ 小组评价(表8-5)

小组评价表　　　　　　　表8-5

| 序号 | 评价项目 | 评价情况 |
|---|---|---|
| 1 | 着装是否符合要求 | |
| 2 | 是否能合理规范地使用仪器和设备 | |
| 3 | 是否按照安全和规范的流程操作 | |
| 4 | 是否遵守学习、实训场地的规章制度 | |
| 5 | 是否能保持学习、实训场地整洁 | |
| 6 | 团结协作情况 | |

参与评价的同学签名：＿＿＿＿＿＿＿　　＿＿＿年＿＿月＿＿日

### ❸ 教师评价

教师签名：＿＿＿＿＿＿＿　　＿＿＿年＿＿月＿＿日

## 五 技能考核标准

根据学生完成实训任务的情况对学习效果进行评价。技能考核标准见表8-6。

技能考核标准表　　　　　　　表8-6

| 序号 | 项目 | 操作内容 | 规定分 | 评分标准 | 得分 |
|---|---|---|---|---|---|
| 1 | 课前准备 | 个人工作服着装清洁整齐 | 5分 | 个人劳动保护有效得5分,否则扣1~5分 | |
| | | 课前分组集队整齐迅速 | 5分 | 课前分组集队整齐迅速得5分,否则扣1~5分 | |

## 项目四 汽车安全性能检测设备的使用与维护

续上表

| 序号 | 项目 | 操作内容 | 规定分 | 评分标准 | 得分 |
|---|---|---|---|---|---|
| 2 | 制动试验台的使用 | 制动试验台运行正常,表面整洁 | 10分 | 制动试验台运行正常,表面整洁得10分,否则扣1~10分 | |
| | | 检查车辆轮胎气压及花纹符合运行要求 | 5分 | 车辆检查符合要求得5分,否则扣1~5分 | |
| | | 车辆按照要求停放在制动试验台滚筒上 | 5分 | 车辆按照要求停放在滚筒上得5分,否则扣1~5分 | |
| | | 测量前轴车轮阻滞力 | 5分 | 能测量前轴车轮阻滞力数据得5分,否则扣1~5分 | |
| | | 测量前轴左右轮制动力值 | 5分 | 能测量前轴左右轮制动力得5分,否则扣1~5分 | |
| | | 测量后轴车轮阻滞力数值 | 5分 | 能测量后轴车轮阻滞力数据得5分,否则扣1~5分 | |
| | | 测量后轴左右轮制动力值 | 5分 | 能测量后轴左右轮制动力得5分,否则扣1~5分 | |
| | | 测量驻车制动力值 | 5分 | 能测量车辆驻车制动力得5分,否则扣1~5分 | |
| | | 将车辆驶离试验台;切断试验台总电源 | 5分 | 将车辆驶离实验台,切断电源得5分,否则扣1~5分 | |
| | | 能正确读取检测参数,并填写到对应检测表格 | 5分 | 能正确处理检测数据得5分,否则扣1~5分 | |
| 3 | 制动试验台的维护保养 | 清除设备盖板上的油、水、泥沙等杂物 | 5分 | 能清除制动试验台上的杂物得5分,否则扣1~5分 | |
| | | 检查试验台线路 | 5分 | 能检查制动试验台线路得5分,否则扣1~5分 | |
| | | 检查滚筒轴承座和减速器、电机等支持轴承处的螺栓是否松动 | 5分 | 能检查滚筒轴承座和减速器、电机等支持轴承处的螺栓得5分,否则扣1~5分 | |
| | | 检查滚筒轴承处润滑情况,检查传感器与力臂之间的间隙 | 5分 | 能检查滚筒轴承处润滑情况,检查传感器与力臂之间的间隙得5分,否则扣1~5分 | |
| | | 检查传感器是否松动 | 5分 | 能检查传感器是否松动得5分,否则扣1~5分 | |
| | | 拆下链条罩,检查链条清洁、磨损和张紧情况 | 5分 | 能检查链条清洁、磨损和张紧情况得5分,否则扣1~5分 | |
| 4 | 现场管理 | 整个操作过程现场布局、清理、清扫整理 | 5分 | 现场管理整洁有序得5分,否则扣1~5分 | |
| | 总 分 | | 100分 | 得 分 | |

汽车检测设备的使用与维护

## 学习任务9　汽车车速表检验台的使用与维护

　学习目标

★ 知识目标
1. 了解汽车车速表检验台的检测参数；
2. 熟悉汽车车速表检验台的检查参数的国家标准；
3. 理解汽车车速表检验台的结构原理。

★ 技能目标
1. 会操作汽车车速表检验台进行车速表检测；
2. 会对汽车车速表检验台进行检查和维护。

　建议课时

4课时。

　任务描述

某位车主反映，他严格按照限速标志驾驶汽车，但近来经常接到超速罚单。该车主怀疑是自己的汽车仪表指示值不准，现委托检测站对其汽车车速表进行检测，以检测车速表是否准确，是否符合国家标准。现该车已停放在你所负责的检测工位，请你使用汽车车速表检验台对其车速表进行检测。

### 一　理论知识准备

汽车车速表经长期使用后，其指示误差会越来越大，车速表指示不准或出现故障将直接影响驾驶员对车速的判断，从而影响到行车的安全，因此，为保证行车的安全，国家标准《机动车运行安全技术条件》(GB 7258—2012)对汽车车速表指示做出了具体规定，并将车速表的检测列为汽车安全性能检测的必检项目，在汽车综合性能检测站，用车速表检验台检测车速表的技术状况。

**1　车速表检验台测量的原理及车速检验国家标准**

（1）车速表误差的测量原理。车速表误差的测量需采用滚筒式车速表检验台进行，将被测汽车车轮置于滚筒上旋转，模拟汽车在道路上的行驶状态。

测量时,由被测车轮驱动滚筒旋转或由滚筒驱动车轮旋转,滚筒端部装有速度传感器(测速发电机),测速发电机的转速随滚筒转速的增高而增加,而滚筒的转速与车速成正比,因此测速发电机发出的电压也与车速成正比。

滚筒的线速度、圆周长与转速之间的关系,可用下式表达:

$$V = nL \times 60 \times 10^{-6}$$

式中:$V$——滚筒的线速度,km/h;

$L$——滚筒的圆周长,mm;

$n$——滚筒的转速,r/min。

因车轮的线速度与滚筒的线速度相等,故上述的计算值即为汽车的实际车速值,由车速表检验台上的速度指示仪表显示,称为试验台指示值。

车轮在滚筒上转动的同时,汽车驾驶室内的车速表也在显示车速值,称为车速表指示值。将检验台指示值与车速表指示值相比较,即可得出车速表的指示误差。

(2)车速表误差国家标准。国家强制性标准《机动车运行安全技术条件》(GB 7258—2012)中规定:车速表指示误差(最大设计车速不大于 40 km/h 的机动车除外)车速表指示车速 $V_1$(单位:km/h)与实际车速 $V_2$(单位:km/h)之间应符合下列关系式:

$$0 \leqslant V_1 - V_2 \leqslant \frac{V_2}{10} + 4$$

### ❷ 车速表检验台的结构

(1)车速表检验台的分类。车速表检验台按有无驱动装置可分为标准型与电机驱动型两种。标准型检验台无驱动装置,它靠被测汽车驱动轮带动滚筒旋转;电机驱动型检验台由电动机驱动滚筒旋转,再由滚筒带动车轮旋转。此外,还有把车速表检验台与制动检验台或底盘测功机组合在一起的综合式检验台。目前,检测机构多使用标准型滚筒式车速表检验台。

(2)车速表检验台的型号。车速表检验台的型号由三部分组成,如图9-1 所示,第一部分代表车速表检验台产品分类代码 CS 组成;第二部分代表由额定承载质量,单位为吨(t),用阿拉伯数字表示;第三部分代表产品改进序号,用 A、B、C…表示。例如额定承载质量为3t,第三次改进的滚筒式汽车车速表检验台,其型号表示为:CS-3C。

图 9-1　车速表检验台的型号

(3)标准型车速表检验台。该检验台主要由滚筒、举升器、测量装置、显示仪表及辅助装置等几部分组成,如图9-2 所示。

①滚筒。检验台左右各有两根滚筒,用于支撑汽车的驱动轮。在测试过程中,为防止

汽车的差速器起作用而造成左右驱动轮转速不等,前面的两根滚筒是用联轴器连在一起的。滚筒多为钢制,表面有防滑处理,按《滚筒式汽车车速表检验台》(GB/T 13563—2007)标准要求直径不小于175mm,滚筒表面附着系数不小于0.6。如滚筒直径为176.8mm时,滚筒转速为1200r/min正好对应滚筒表面的线速度为40km/h。

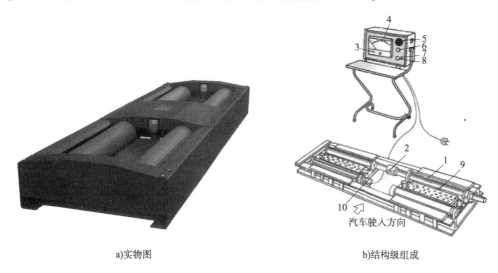

a)实物图　　　　　　　　　　　　　　b)结构级组成

图9-2　标准型车速表检验台

1-滚筒;2-联轴器;3-零点校正螺钉;4-速度指示仪表;5-蜂鸣器;6-报警灯;7-电源灯;8-电源开关;9-举升器;10-速度传感器

②举升器。举升器置于前后两根滚筒之间,多为气动装置,也有液压驱动和电机驱动的。测试时,举升器处于下方,以便滚筒支撑车轮。测试前,举升器处于上方,以便利汽车驶上检验台,测试后,靠气压(或液压、电机)升起举升器,顶起车轮,以便汽车驶离检验台。

③测量元件。即测量转速的传感器,其作用是测量滚筒的转动速度。通过转速传感器将滚筒的速度转变成电信号(模拟信号或脉冲信号),再送到显示仪表。常用的转速传感器有:测速发电机式、光电编码器式、旋转编码器和霍尔元件式等。按《滚筒式汽车车速表检验台》(GB/T 13563—2007)标准,转速传感器要求装在主滚筒上。

测速发电机是一种永磁发电机,由于制作精密,它能够产生几乎与转速完全成正比的电压信号(图9-3),将它安装在滚筒一端,当滚筒转动时,测速发电机就可以输出与转速成正比的电压。此信号经放大和A/D转换后送入单片机处理。

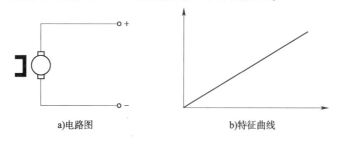

a)电路图　　　　　　　　　　b)特征曲线

图9-3　直流永磁测速发电机电路图及特征

光电编码式有一个带孔或带齿的编码盘,安装在滚筒的一端并随滚筒转动(图9-4)。有一对由光源和光接收器组成的光电开关,其中光源一般是发出红外光,光接收器多由光敏三极管和放大电路组成,可将收到的光信号变为电信号。光源和光接收器分别置于编码盘的两侧,并彼此对准。当编码盘转动时,光源发出的光线周期性地被遮住,于是光接收器将收到断续的光信号,并转换成一系列的电脉冲,脉冲频率与滚筒转速成正比。将此脉冲信号经过光电隔离等环节之后,也送入单片机处理。

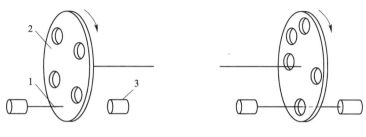

a)光线被遮住,接收器无信号　　　　b)光线未被遮住,接收器有信号

图9-4 光电式速度传感器原理图
1-光源;2-光电编码盘;3-光接收器

旋转编码器的工作原理与光电编码式基本相同,但是旋转编码器是一种集成的传感器,它输出的电压同样是脉冲信号。旋转编码器转动一周的脉冲数量较高,有100个脉冲也有600个脉冲的,一般速度台上使用每周100脉冲的编码器。高脉冲可以使速度测量更加准确,速度变化的响应更灵敏。

霍尔元件是利用霍尔效应原理(图9-5)。将带齿的圆盘固定在滚筒一端,并随滚筒一起转动,当圆盘的齿未经过导磁板时,有磁场经过霍尔元件,因而感应霍尔电动势。当圆盘的齿经过导磁板时,磁场被短路,霍尔电动势消失,所以霍尔元件可以产生与速度成正比的脉冲信号。此脉冲信号同样经过一定的隔离处理后,送入单片机。

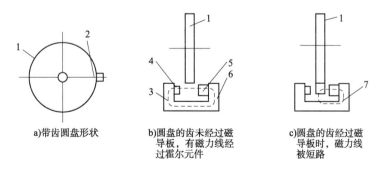

a)带齿圆盘形状　　b)圆盘的齿未经过磁　　c)圆盘的齿经过磁
　　　　　　　　　　导板,有磁力线经　　　导板时,磁力线
　　　　　　　　　　过霍尔元件　　　　　被短路

图9-5 霍尔元件式速度传感器原理图
1-圆盘;2-齿;3-磁力线;4-霍尔元件;5-永久磁铁;6-磁导板;7-磁力线

④显示仪表。目前多用智能型数字显示仪表,也就是一个单片机系统。来自传感器的模拟信号经放大、A/D转换或经虑波整形后进入单片机处理,再输出显示测量结果;若为数字编码信号,直接由计数器计数计算单位时间内的脉冲数或测量脉冲之间的时间来计算滚筒表面线速度。在全自动检测线上也有直接把速度传感器信号接到工位机(或主

控机)上直接进行处理的。

⑤辅助部分。

a. 安全装置:车速台滚筒两侧设有挡轮,以免检测时车轮左右滑移损坏轮胎或设备。

b. 滚筒抱死装置:汽车测试完毕出车时,如果只依靠举升器,可能造成车轮在前滚筒上打滑,为了防止打滑,增加滚筒抱死装置,与举升器同步。举升器升起的同时,抱死滚筒。举升器下降时放开。

c. 举升保护装置:车辆在速度检验台上运转时,举升器突然上升会导致严重的安全事故,因而车速台设有举升器保护装置(软件或硬件保护),以确保滚筒转速低于设定值后(如5km/h)才允许举升器上升。

**❸ 电机驱动型车速表检验台**

电机驱动型车速表检验台一般由滚筒、联轴器、举升器、速度传感器、离合器和驱动电动机组成,如图9-6所示,车速表的转速信号多数取自汽车变速器或分动器的输出轴,但对于后置发动机的汽车,由于车速表软轴过长会出现传动精度和寿命等方面的问题,所以部分车辆转速信号取自前从动轮。对于这种车辆必须采用电机驱动型车速表检验台。测试时由电动机驱动滚筒与前从动轮旋转。这种检验台往往在滚筒与电动机之间装有离合器,检验时将离合器分离,这种检验台又可作为标准型检验台使用。

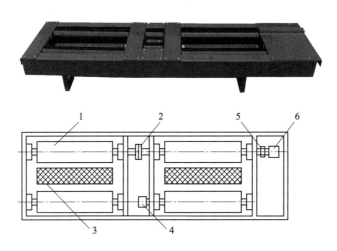

图9-6 电机驱动型车速表检验台结构示意图
1-滚筒;2-联轴器;3-举升器;4-速度传感器;5-离合器;6-驱动电动机

## 二 任务实施

**❶ 准备工作**

(1)将待检车辆停放在维修区域,车辆轮胎气压应符合各自的规定值(出厂标准),检查并清除轮胎上的油污、水渍和嵌入的石子、杂物等。

(2)检查车速表检验台工作是否正常,安全机构工作是否正常。

(3)检查车速表检验台及周围场地有无机油、石子、泥污等杂物,并清除干净。

## 项目四　汽车安全性能检测设备的使用与维护

### ❷ 技术要求与注意事项

（1）超过检验台允许轴重的汽车，一律不准上检验台进行检测。

（2）对于电动机驱动式检验台，一定要注意滚筒所能驱动的车轮负荷，严禁超载。

（3）对于电动机驱动式检验台，如不用电动机驱动被检测汽车车轮时，一定要注意在检测前用离合器将滚筒与电动机脱开。

（4）对于前轮驱动的汽车，一定要用转向盘准确地保持汽车处于直线行驶状态（保持车轮平面与滚筒垂直）。

（5）被检测的汽车，如需连续进行高速检验时，为防止轮胎驻波现象的产生，可适当地提高轮胎气压。

（6）检验仪表部分应注意避免让阳光直射、受潮或受振动。

（7）检验台滚筒表面应经常保持清洁、干燥，注意防止泥、水、油污等脏物进入检验台。

（8）检验台不检测时，一律不准在上面停放车辆。

### ❸ 操作步骤

（1）接通检验台电源。

（2）升起滚筒间的举升器。

（3）将被检车辆驶上检验台，使输出车速信号的车轮尽可能与滚筒成垂直状态地停放在检验台上。

（4）降下滚筒间的举升器，至轮胎与举升器托板完全脱离为止。

（5）用挡块抵住位于检验台滚筒之外的一对车轮，防止汽车在检测时滑出检验台。

（6）使用标准型检验台时应作如下操作：

①待汽车的驱动轮在滚筒上稳定后，挂入最高挡，松开驻车制动器，踩下加速踏板使驱动轮带动滚筒平稳地加速运转；

②当汽车车速表的指示值达到规定检测车速（40km/h）时，读出检验台速度指示仪表的指示值；或当检验台速度指示仪表的指示值达到检测车速时，读取车速表的指示值。

（7）使用驱动型检验台时应作如下操作：

①接合检验台离合器，使滚筒与电动机联在一起；

②将汽车的变速器挂入空挡，松开驻车制动器，起动电动机，使电动机驱动滚筒旋转；

③当汽车车速表的指示值达到检测车速时，读取检验台速度指示仪表的指示值；或当检验台速度指示仪表达到检测车速时，读取汽车车速表的指示值。

（8）测试结束后，轻轻踩下汽车制动踏板，使滚筒停止转动。对于驱动型检验台，必须先关断电动机电源，再踩制动踏板。

（9）升起举升器，去掉挡块，汽车驶离检验台。

### ❹ 车速表检验台维护

车速表检验台维护内容见表9-1。

车速表检验台维护表　　　　　　　表9-1

| 维护周期 | 维护部位 | 维护要求 | 维护内容 |
|---|---|---|---|
| 使用前 | 指示仪表 | 在滚筒静止状态,检查仪表指针的机械零点和电气零点 | 指针若不在,用零点调整螺钉和零点电位计调整零位 |
| | 滚筒 | 检查有无油、水、泥等杂物 | 如有,要清除干净 |
| | 举升器、控制阀和空气压缩机 | 检查举升器动作及有无漏气部位 | 动作阻滞或漏气部位,解体清洗、润滑,并消除漏气现象 |
| | | 检查空气压缩机滤清器的脏污程度及润滑量 | 脏污时,清洗滤清器;油量不足时,按厂家规定的品种补足 |
| | 各种导线 | 检查有无因损伤引起接触不良部位 | 有接触不良或断线的导线要更换 |
| 三个月 | 滚筒及滚筒轴承 | 检查滚筒在运转时,有无异响、损伤,运转是否平稳 | 有异响或损伤时,请厂房协助修理 |
| | | 检查联轴器是否松旷;导向滚筒运转是否平稳 | 松旷时,紧固;润滑导向滚筒 |
| | 指示检测部分 | 检测传感器的紧固情况,有无松动 | 松动时,紧固 |
| | | 检测脏污、松紧和损伤情况 | 如脏污及时清洗,重新调整松紧度;如有损伤应予更换 |
| 一年 | | 接受有关部门的检定 | |

## 三 学习拓展

车速表检验台的检定应按照《滚筒式车速表表检测台检定规定》(JJG 909—2009)并参照《机动车安全检定技术条件第4部分:滚筒式车速表检验台检定技术条件》(GB/T 11798.4—2001)进行,主要包括以下内容。

### 1 检定技术要求

1)检查外观及性能

(1)检验台应有清晰的铭牌,标有设备型号、设备名称、额定载荷、出厂编号、制造厂名和出厂日期。

(2)活动部件功能完好,滚筒表面完好、运转灵活。

(3)仪表显示清晰,无影响读数的缺陷。数字显示应在5s内稳定,示值保留时间不少于8s指针式仪表指针回转应平稳,不应有跳动、卡住和阻滞现象。

(4)滚筒、举升机构、滚筒锁止机构等运行灵活、有效、可靠。

2)检定零值误差和零点漂移

(1)零值误差应不超过±1$d$(注:$d$——对于指针式仪表为分度值;对于数显式仪表为分辨率值,$d$值最大不能超过1km/h)。

(2)数显式车速表检验台30min的零点漂移应不超过1$d$。

3)检定滚筒表面的局部磨损量

滚筒表面的局部磨损量不应超过标称外径的1%。

4)检定滚筒表面的径向圆跳动

检定滚筒表面的径向圆跳动不超过1mm。

5)检定示值误差

车速检验台示值误差不超过±2%或±1$d$。

**❷ 检定环境要求**

进行检定时工作环境应保持温度为0℃~40℃,相对湿度≤85%的稳定状态,且工作电压保证在AC220×(1±10%)V内,此外,检定应在周围无影响测量的污染、振动、噪声和电磁干扰的环境下进行。

**❸ 检定所需检验设备及工量具**

检定所需检验设备及工量具见表9-2。

检验设备及工量具 　　　　　　　　　　　　表9-2

| 序 号 | 名 称 | 规 格 | 精确度等级或分度值 |
|---|---|---|---|
| 1 | 非接触式转速表 | 1~5000r/min | 0.2级 |
| 2 | 百分表 | 10mm | 0.01mm,1级 |
| 3 | 游标卡尺 | 500mm长量爪 | 0.05mm,1级 |
| 4 | 钢直尺 | 300mm | 1mm,2级 |
| 5 | 接地电阻测量仪 | 100Ω | 1Ω |
| 6 | 兆欧表 | 500V,500MΩ | 5级 |
| 7 | 管形测力计 | 200N | 2级 |
| 8 | 附着系数测试仪 | — | — |

## 四 评价与反馈

**❶ 自我评价**

(1)通过本学习任务的学习你是否已经知道以下问题:

①车速表检验台可测量车辆的哪些参数?

②检测车辆的车速表性能的操作过程中用到了哪些设备,在操作过程应注意哪些问题?

(2)车速表检验台的操作流程有哪些?

(3)车速表检验台在维护时应进行哪些工作?

(4)通过本学习任务的学习,你认为自己的知识和技能还有哪些欠缺?

　　　　　　　　　　　　　签名:＿＿＿＿＿＿＿　　＿＿＿年＿＿月＿＿日

汽车检测设备的使用与维护

### ❷ 小组评价(表9-3)

小组评价表　　　　　　　　　　　　　表9-3

| 序号 | 评价项目 | 评价情况 |
|---|---|---|
| 1 | 着装是否符合要求 | |
| 2 | 是否能合理规范地使用仪器和设备 | |
| 3 | 是否按照安全和规范的流程操作 | |
| 4 | 是否遵守学习、实训场地的规章制度 | |
| 5 | 是否能保持学习、实训场地整洁 | |
| 6 | 团结协作情况 | |

参与评价的同学签名：_____　　_____年____月____日

### ❸ 教师评价

_____

教师签名：_____　　_____年____月____日

## 五 技能考核标准

根据学生完成实训任务的情况对学习效果进行评价。技能考核标准见表9-4。

技能考核标准表　　　　　　　　　　　　　表9-4

| 序号 | 项目 | 操作内容 | 规定分 | 评分标准 | 得分 |
|---|---|---|---|---|---|
| 1 | 课前准备 | 个人工作服着装清洁整齐 | 5分 | 个人劳动保护有效得5分，否则扣1~5分 | |
| | | 课前分组集队整齐迅速 | 5分 | 课前分组集队整齐迅速得5分，否则扣1~5分 | |
| 2 | 车速检验台的使用 | 检查车速检验台及场地周围环境 | 5分 | 检查车速检验台及场地周围环境得5分，否则扣1~5分 | |
| | | 检查车辆轮胎气压及花纹符合运行要求 | 5分 | 检查车辆符合运行要求得5分，否则扣1~5分 | |
| | | 车辆按照要求停放在车速检验台滚筒上 | 5分 | 车辆按照要求停放在滚筒上得5分，否则扣1~5分 | |
| | | 使用标准型检验台测量车速 | 20分 | 能按照标准型检验台得20分，否则扣1~25分 | |
| | | 使用驱动型检验台时测量车速 | 20分 | 能按照驱动型检验台操作得20分，否则扣1~20分 | |
| | | 将车辆驶离检验台，切断试验台总电源 | 5分 | 将车辆驶离检验台，切断试验总电源得5分，否则扣1~5分 | |
| | | 能正确读取检测参数，并填写到对应检测表格 | 5分 | 能正确处理检测数据得5分，否则扣1~5分 | |

项目四　汽车安全性能检测设备的使用与维护

续上表

| 序号 | 项目 | 操作内容 | 规定分 | 评分标准 | 得分 |
|---|---|---|---|---|---|
| 3 | 汽车车速表检验台的维护 | 检查仪表指针的机械零点和电气零点 | 5分 | 检查仪表指针的机械零点和电气零点得5分,否则扣1~5分 | |
| | | 检查举升器动作及有无漏气部位 | 5分 | 检查举升器动作及有无漏气部位得5分,否则扣1~5分 | |
| | | 检查空气压缩机滤清器的脏污程度及润滑量 | 5分 | 检查空气压缩机滤清器的脏污程度及润滑量得5分,否则扣1~5分 | |
| | | 检查各类导线有无因损伤引起接触不良部位 | 5分 | 检查导线有无接触不良得5分,否则扣1~5分 | |
| 4 | 现场管理 | 整个操作过程现场布局、清理、清扫整理 | 5分 | 现场管理整洁有序得5分,否则扣1~5分 | |
| | 总　　分 | | 100分 | 得　　分 | |

## 学习任务 10　汽车前照灯检测仪的使用与维护

  学习目标

★ 知识目标

1. 了解光学基础知识;
2. 熟悉汽车前照灯特性及国家标准;
3. 理解汽车前照灯检测仪检测原理及结构原理。

★ 技能目标

1. 会操作汽车前照灯检测仪进行前照灯检测;
2. 会对汽车前照灯检测仪进行使用和维护。

  建议课时

8课时。

 任务描述

某公交公司车辆完成二级保养后,要在综合性能检查站进行车辆二级保养项目的检测,现在车辆到达前照灯检测工位,需要进行前照灯的检测,请你使用检测站的检测设备,对该车进行检测。

# 一 理论知识准备

前照灯是汽车在夜间行或在能见度较低的条件下,为驾驶员提供行车道路照明的重要装置,而且也是驾驶员发出警示,进行联络的灯光信号装置,所以,前照灯必须有足够的发光强度和正确的照射方向。在行车过程中,汽车的灯泡和反射镜受到振动,或者使用过程中逐步老化,导致前照灯亮度及照射方向受到影响,因此前照灯的发光强度和光束的照射方向被列为汽车运行安全检测的必检项目。在汽车综合性能检测站,用前照灯仪对汽车前照灯的远、近光的发光强度和光束照射方向进行检测,用来评判前照灯的性能情况。

(一)光学基础知识及汽车前照灯特性

**1 光的物理单位**

(1)发光强度。发光强度是光线在给定方向上发光强弱的度量。其单位为坎德拉,用符号 cd 表示。

(2)照度。前照灯(光源)所发出的光线,照到被照射物体上时,使其受光面的明亮度发生变化。衡量受光面明亮度的物理量为照度,单位为勒克斯,用符号 lx 表示。

(3)发光强度和照度的关系。在前照灯(光源)发光强度不变的情况下,被照物体离光源越远,被照明的程度越差,照度越小。若发光强度用 $I(\mathrm{cd})$ 表示,照度用 $E(\mathrm{lx})$ 表示,前照灯(光源)距被照物体距离为 $s(\mathrm{m})$,则三者的关系是:

$$E = \frac{I}{S^2}$$

从而可得,距离发光强度为 20000cd 光源 1m 的地方,照度为 20000lx;距离 2m 的地方,照度为 20000/4 = 5000lx。

**2 前照灯的特性**

前照灯的特性可以分为配光、全光束和照射方向等,图 10-1 为用等照度曲线表示的这些特性参数的特征

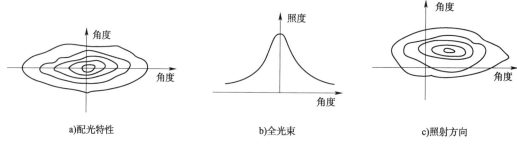

图 10-1 等照度曲线

1)配光特性

前照灯的远光是夜间行车照明用的,当无迎面来车或不尾随其他车辆时,希望灯光照

得远并使路面有足够的亮度;前照灯的近光是会车时用的,要求光束倾向路面一侧,避免对面来车的(前照灯)眩光导致驾驶员视觉功能下降。因此,前照灯发出的光线的分布用配光特性来表示。

配光特性就是用等照度曲线表示的明亮分布特性。亦称为光形分布特性。根据前照灯光束的分布,前照灯配光特性分为对称配光特性和非对称配光特性。

(1) 对称式配光特性,前照灯光束的光形分布一般是水平方向宽,垂直方向窄,若等照度曲线左右对称,不偏向一边,上下扩展也不太宽,就称为对称式的配光特性,我国汽车前照灯远光灯采用的是这种配光形式。

(2) 非对称式配光,即光形分布有一条明显的明暗截止线(灯光投射到配光屏幕上,眼睛感觉到的明暗陡变的分界线)。非对称式配光有两种,一种是配光屏幕上,明暗截止线的水平部分在 $V$ - $V$ 线的左半边,右半边与水平线向上成15°的斜线,如图所示。另一种是明暗截止线右半边与水平线向上成45°斜线至垂直距离250mm转向水平的折线,由于明暗截止线呈Z形,亦称为Z形配光,如图10-2所示。我国前照灯的近光灯已采用这种配光形式。

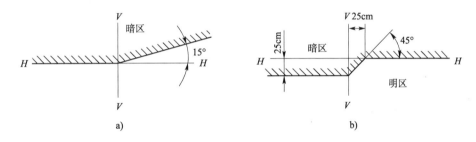

图 10-2 近光配光方式

2) 光束照射方向

若把前照灯光线最亮的地方作为光束中心,则光束照射方向用该中心对水平和垂直坐标轴的偏移量来表示,如图10-3所示。

### 3 对前照灯性能的要求

《机动车运行安全技术条件》(GB 7258—2012)对前照灯的性能有以下要求:

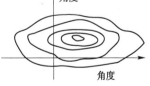

图 10-3 光束照射方向

(1) 机动车装备的前照灯应有远、近光变换功能。当远光变为近光时,所有远光应能同时熄灭。同一辆机动车上的前照灯不得将左、右的远、近光灯交叉开亮。

(2) 所有前照灯的近光均不应眩目。汽车(三轮汽车和装用单缸柴油机的低速货车除外)、摩托车装用的前照灯应分别符合相关国标的规定。

(3) 机动车前照灯光束照射位置在正常使用条件下应保持稳定。

(4) 远光光束发光强度应符合要求。机动车每只前照灯的远光光束发光强度应达到表10-1的要求,测试时,电源系统应处于充电状态。

前照灯远光光束发光强度最小值要求（cd）　　　　表10-1

| 机动车类型 | | 检 查 项 目 | | | | | |
|---|---|---|---|---|---|---|---|
| | | 新注册车 | | | 在用车 | | |
| | | 一灯制 | 二灯制 | 四灯制a | 一灯制 | 二灯制 | 四灯制a |
| 三轮汽车 | | 8000 | 6000 | — | 6000 | 5000 | — |
| 最高设计车速<70km/h的汽车 | | — | 10000 | 8000 | — | 8000 | 6000 |
| 其他汽车 | | — | 18000 | 15000 | — | 15000 | 12000 |
| 摩托车 | | 10000 | 8000 | — | 8000 | 6000 | — |
| 轻便摩托车 | | 4000 | — | — | 3000 | — | — |
| 拖拉机运输机组 | 标定功率>18kW | — | 8000 | — | — | 6000 | — |
| | 标定功率≤18 kW | 6000b | 6000 | — | 5000b | 5000 | — |

注：a. 四灯制是指前照灯具有四个远光光束；采用四灯制的机动车其中两只对称的灯达到两灯制的要求时视为合格；

b. 允许手扶拖拉机运输机组只装用一只前照灯。

（5）光束照射位置要求。

①检验前照灯近光光束照射位置时，前照灯照射在距离10m的屏幕上，乘用车前照灯近光光束明暗截止线转角或中点的高度应为0.7~0.9$H$（$H$为前照灯基准中心高度，下同），其他机动车（拖拉机运输机组除外）应为0.6~0.8$H$。机动车（装用一只前照灯的机动车除外）前照灯近光光束水平方向位置向左偏应小于等于170mm，向右偏应小于等于350mm。

②轮式拖拉机运输机组装用的前照灯近光光束的照射位置，按照上述方法检验时，要求在屏幕上光束中点的离地高度应小于等于0.7$H$；水平位置要求，向右偏移应小于等于350mm，不得向左偏移。

③检验前照灯远光照射位置时，对于能单独调整远光光束的前照灯，前照灯照射在距离10m的屏幕上时，要求在屏幕光束中心离地高度，对乘用车为0.85~0.95$H$（但不得低于前照灯近光光束明暗截止线转角或中点的高度），对其他机动车为0.8~0.95$H$；机动车（装用一只前照灯的机动车除外）前照灯远光光束水平位置要求，左灯向左偏应小于等于170mm，向右偏应小于等于350mm，右灯向左或向右偏均应小于等于350mm。

（二）前照灯的检测原理

**1 用屏幕检测前照灯光束照射位置**

光束照射位置一般用下列方法检测：在规定的检测条件下，在距离前照灯10m处放置一垂直于地面的专用屏幕。屏幕上画有三条垂直线和三条水平线，如图10-4所示。中心垂线$V$—$V$与汽车纵向中心线对齐，左右两侧垂线$V_左$—$V_左$和$V_右$—$V_右$分别与左右前照灯中心线对齐。

上边第一条水平线$h$—$h$与被检汽车前照灯中心等高，距离地面高度为$H$（mm），第二条水平线与被检汽车前照灯远光光束中心的上限值等高，距地面高度为$H_1 = 0.9H$；第三条水平线与被检汽车前照灯近光光束中心的上限值等高,距地面高度为 $H_2 = 0.8H$。标准规定远、近光光束高度的偏差范围分别是 $0.05H$ 和 $0.2H$,即其下限值分别为 $0.85H$ 和 $0.6H$。

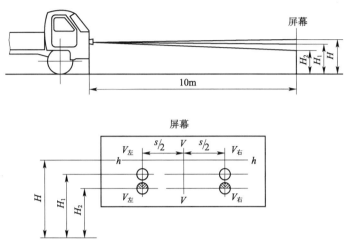

图 10-4 用屏幕检测前照灯光束照射位置

检测时先遮住一侧的前照灯,然后检测未遮盖前照灯的近光光束,根据检测标准,其近光明暗截止线转角或光束中心应照在高度为 $H_2$、$H_2 - 0.2H$ 的两条水平线及距垂直线 $V—V$ 的距离为 $S/2 + 100(\text{mm})$、$S/2 - 100(\text{mm})$ 的两条垂直线所围成的矩形框内,否则表明近光光束偏斜量超标。

对远光单光束前照灯而言,需要检测远光光束的照射位置。根据检测标准,其中光束中心应位于高度为 $H_1$、$H_1 - 0.05H$ 的两条水平线及距垂直线 $V—V$ 的距离为 $S/2 + 170$ (mm)、$S/2 - 170(\text{mm})$(对右灯)或者 $S/2 - 100(\text{mm})$、$S/2 + 170(\text{mm})$(对左灯)的两条垂直线所围成的矩形框内。

根据检测标准,在检测、调整远-近光双光束照射方向时,以检测近光光束为主。因为近光调整合格后,远光光束是否合格是由灯泡的制造质量决定的。在近光光束调整合格后,如果远光光束照射方向不合格,应该更换灯泡。

屏幕法简单易行,但只能检测光束的照射位置,而无法检测发光强度,同时需经常更换屏幕以适应不同车型,并且占地较大。因此,在汽车检测站,广泛使用前照灯检测仪对汽车前照灯进行检测。

**❷ 用检测仪检测前照灯发光强度和光轴偏斜量**

前照灯检测仪是可以用来检测前照灯发光强度和光轴偏斜量的专用设备。检测时,前照灯检测仪按照一定测量距离放在被检车对面。前照灯检测使用光电池作为传感器,来测量发光强度和光轴偏斜量。

(1)发光强度的检测原理。

如图 10-5 所示,连接光电池与光度计,前照灯放在规定的距离上照射光电池,光电池根据接受光强度的大小产生相应的光电流,使光度计指针偏转,指示前照灯的发光强度。

(2)光轴偏斜量的检测原理。

如图 10-6 所示,在 4 块光电池 $S_左$、$S_右$、$S_上$、$S_下$ 中,$S_左$ 和 $S_右$ 之间串有左右偏斜指示计,$S_上$ 和 $S_下$ 之间串有上下偏斜指示计。打开前照灯,4 块光电池接受光照各自产生电流,根据 $S_上$ 和 $S_下$、$S_左$ 和 $S_右$ 之间的电流差值,使上下偏斜指示计和左右偏斜指示计动作。

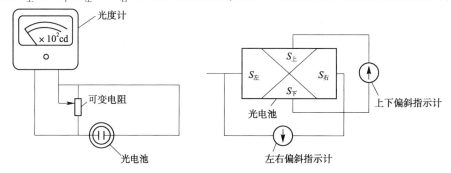

图 10-5　发光强度的检测原理　　　图 10-6　光轴偏斜量的检测原理

如图 10-7 所示为光电池受光面无偏斜受光的情况,这时上下光电池产生的光电流平衡,上下偏斜指示计指针垂直指向下方,即处于零位;同理左右偏斜指示计的指针也向下指零位。图 10-8 所示为光电池受光面向左下方偏斜受光的情况,这时左右光电池不平衡,使左右偏斜指示计的指针向左偏斜,上下光电池也不平衡,使上下偏斜指示计的指针向下偏斜。

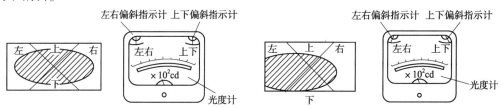

图 10-7　光轴上下与左右均无偏斜的情况　　　图 10-8　光轴上下与左右均有偏斜的情况

(三)前照灯检测仪的类型

根据结构特征与测量方法,前照灯检测仪可分为聚光式、屏幕式、投影式和自动追踪光轴式等几种类型。这些不同类型的前照灯仪主要组成是:接受前照灯光束的受光器、使受光器与汽车前照灯对正的校准装置、前照灯发光强度指示装置、光轴偏斜方向和偏斜量指示装置以及支柱、地板、导轨、汽车摆正找准装置等。

**❶ 聚光式前照灯检测仪**

聚光式前照灯检测仪的构造如图 10-9 所示。它是由受光器的聚光透镜把前照灯的散射光束聚合起来,根据其对光电池的照射强度,来检测前照灯的发光强度和光轴偏斜量。

聚光式监测仪放在前照灯对面 1m 处进行检测。根据测量不同的方法,该仪器可分为移动反射镜式、移动光电池式和移动聚光透镜式三种形式。

(1)移动反射镜式检测法。

如图10-10所示,前照灯的灯光被聚光透镜聚集、投射在反射镜上,然后反射镜将光线反射在光电池上。反射镜的安装角可由转动移动光轴刻度盘发生变化,改变反射光线照在光电池的位置。当调整反射镜使光轴偏斜指示器的指针指向零位时,可从光轴刻度盘读得光轴的偏斜量,光度计也同时指示出发光强度。

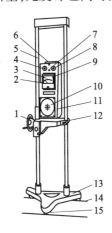

图10-9 聚光式前照灯检测仪
1-升降手轮;2-光度针;3-左右偏斜指示计;4-光轴刻度盘(左、右);5-支柱;6-汽车摆正找准器;7-光度、光轴变换开关;8-光轴刻度盘;9-上下偏斜指示计;10-前照灯照准器;11-聚光透镜;12-角度调整螺钉;13-底座;14-导轨;15-车轮

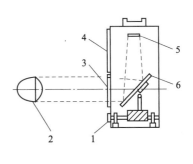

图10-10 移动反射镜式检测法
1-光轴刻度盘;2-前照灯;3-聚光透镜;4-光轴偏斜指示器;5-光电池;6-反射镜

(2)移动光电池式检测法。

如图10-11所示,转动光轴刻度盘可以使光电池上下、左右移动,光电池受光位置随之发生变化,待左右偏斜指示计和上下偏斜指示计的指针均指向时,从光轴刻度盘即可读取光轴的偏斜量,同时通过光度计指示出发光强度。

(3)移动聚光透镜式检测法。

如图10-12所示,移动光轴检测杠杆可以改变聚光透镜的方位,照射在光电池的光束随之改变。当使通过聚光透镜照到光电池上的光线最强时,光轴偏斜指示器的指针为零,此时光度计指示发光强度,光轴刻度盘与光轴检测杠杆联动,从而指示出光轴的偏斜量。

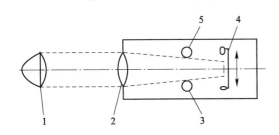

图10-11 移动光电池式检测法
1-前照灯;2-聚光透镜;3-光轴刻度盘(左、右);4-光电池;5-光轴刻度盘(上、下)

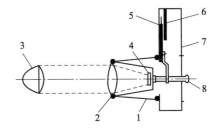

图10-12 移动聚光透镜式检测法
1-连接器;2-聚光透镜;3-前照灯;4-光电池;5-指针;6-光轴刻度盘;7-外壳;8-光轴检测杠杆

### ❷ 屏幕式前照灯检测仪

屏幕式前照灯是把光束照在屏幕上,从而检测发光强度和光轴偏斜量的。屏幕式前照灯检测仪的构造如图10-13所示。活动屏幕(9)可在固定屏幕(3)上左右移动,内部带光电池的受光器(11)装在活动屏幕上可以上下移动。检测时,移动活动屏幕和受光器,使光度计指示值为最大时即表明找到了主光轴的方向,然后由固定屏幕和活动屏幕上的光轴刻度尺(10、2、8)即可读取光轴上下、左右偏斜量,同时可从光度计(6)的指示值得出发光强度。

### ❸ 投影式前照灯检测仪

投影式前照灯检测仪的构造如图10-14所示。投影式前照灯检测仪是通过将前照灯光束的影像映射到投影屏上而检测出发光强度和光轴偏斜量的。

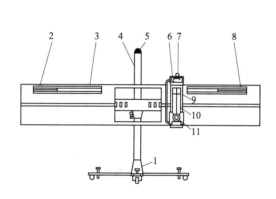

图10-13 屏幕式前照灯检测仪
1-底座;2、8-光轴刻度尺(左、右);3-固定屏幕;4-支柱;5-汽车摆正找准器;6-光度计;7-前照灯照准器;9-活动屏幕;10-光轴刻度尺(上、下);11-受光器

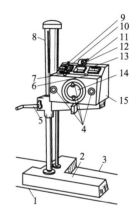

图10-14 投影式前照灯检测仪
1-车轮;2-底座;3-导轨;4-光电池;5-上下移动手柄;6-光轴刻度盘(上、下);7-光轴刻度盘(左、右);8-支柱;9-左右偏斜指示计;10-上下偏斜指示计;11-抽影屏;12-车辆摆正找准器;13-光度计;14-聚光透镜;15-受光器

投影式前照灯检测仪是在前照灯对面3m的距离处检测,将前照灯的影像射到投影屏上。在聚光镜(14)的上、下与左、右方向装有4个光电池(4)。前照灯影像通过聚光透镜(14)、反射镜之后(均装在受光器15内),映射到投影屏(11)上,同时光线还照射在光度计的光电池(也在受光器上)上。在检测时,上下和左右移动受光器(15),直到上下偏斜指示计(10)和左右偏斜指示计(9)的指针指到零为止。此时上和下与左和右的光电池受光量相等,受光器对准了主光轴的方向。然后使用下述两种测量方法,测出主光轴偏斜量,再根据光度计(13)的指示得出发光强度值。

(1)投影屏刻度式检测主光轴偏斜量的方法。

这种检测方法如图10-15所示。在投影屏上,刻有表示光轴偏斜量的刻度线,根据前照灯影像中心在投影屏上所处的位置,就可以直接测出光轴偏斜量。

（2）光轴刻度盘式检测主光轴偏斜量的方法。

这种检测方法如图10-14所示。它的投影屏没有光轴偏移量刻度线，要知道光轴的偏移量须转动光轴刻度盘（6和7），直到前照灯影像中心与投影屏坐标原点重合为止，然后电光轴刻度盘（6和7）上的刻度分别测出主光轴上、下偏斜量和左、右偏斜量。

### ④ 自动追踪光轴式前照灯检测仪

自动追踪光轴式前照灯检测仪采用受光器自动追踪光轴的方法，检测汽车前照灯的发光强度和光轴偏斜量，一般检测距离为3m。

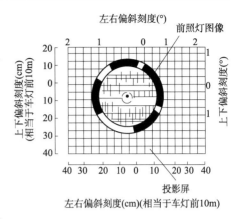

图10-15　投影屏刻度式测量法

自动追踪光轴式前照灯检测仪如图10-16所示，其受光器的构造如图10-17所示。在受光器聚光透镜的上下和左右装有4个光电池构成主受光器（用于对准光轴），受光器内部也有4个光电池构成副受光器（用于检测光轴偏斜），透镜后中央部位装有光度计光电池（检测光强）。测试仪台架和受光器位移由电动机驱动。主受光器每对光电池由于受光不均所产生的电流差值，用于控制驱动电机运转使检测仪台架沿轨道移动，和使受光器上下移动，直至主受光器每对光电池所产生的电流相等，电动机停转。这样便实现了自动追踪光轴，追踪过程中，受光器的位移由光轴偏斜指示器指出，发光强度由中央光度计光电池检测并由光度计指示。

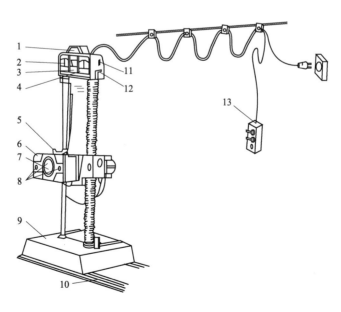

图10-16　自动追踪光轴式前照灯检测仪

1-在用显示器；2-左右偏斜指示器；3-光度计；4-上下偏斜指示器；5-车辆找准装置；6-受光器；7-聚光透镜；8-光电池；9-控制箱；10-导轨；11-电源开关；12-熔断丝；13-控制盒

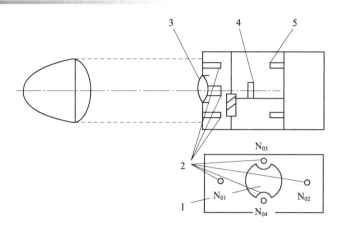

图 10-17 自动追踪光轴式前照灯检测仪受光器的构造
1、3-聚光透镜；2-主受光器光电池；4-光度计光电池；5-副受光器光电池

## 二 任务实施

### 1 准备工作

（1）将待检车辆停放在维修区域，车辆轮胎气压应符合各自的规定值（出厂标准），检查并清除轮胎上的油污、水渍和嵌入的石子、杂物等。

（2）检查前照灯检测仪工作是否正常，安全机构工作是否正常。

（3）检查前照灯检测仪及周围场地有无机油、石子、泥污等杂物，并清除干净。

### 2 技术要求与注意事项

（1）被检车辆应空载，驾驶室内乘坐一人，轮胎应全部充足气，车辆电池电压符合运行标准，前照灯配光镜玻璃上的灰尘应清除干净。

（2）被检车的前照灯表面中心到仪器的镜面的距离应为1m，可利用仪器光接收箱下部的钢卷尺进行测定。

### 3 操作步骤

以 QD-100D 型电动式前照灯检测仪（图10-18）为例。

1）QD-100D 型前照灯检测仪使用技术参数

环境温度：0~40℃。

相对湿度：20%~80%。

电源电压：AC220±10% V。

检测距离：1m。

发光强度测量范围：0~40000cd。

光轴偏移量测量范围：

上：0~1°20′或0~20cm/10m；

下：0~2°20′或0~40cm/10m；

左：0~2°20′或0~40cm/10m；

## 项目四 汽车安全性能检测设备的使用与维护

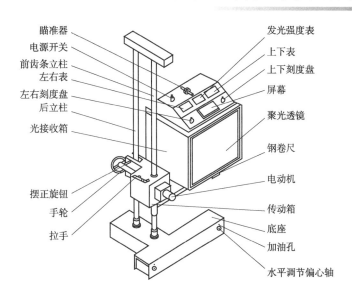

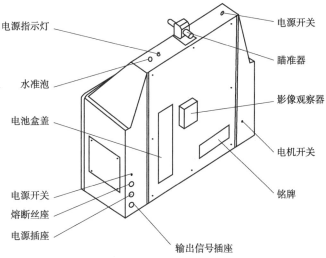

图 10-18 QD-100D 型前照灯检测仪

右:0~2°20′或 0~40cm/10m。

前照灯中心高测量范围:0.5~1.3m。

精度:

发光强度:±12%;

光轴偏移量:±1/4°;

前照灯中心高:±1cm。

外形尺寸(高×宽×深):1250mm×710mm×550mm。

质量:约60kg。

输出信号:光轴偏移量:0~3V。

发光强度:0~3V。

2）检测步骤

（1）车辆的对准。

检测时,仪器的光接收箱镜面应与被检车辆的纵向中心线垂直(称之为对准)。装于光接收箱顶部的对准瞄准器就是用来作此项检查的。在被检车辆的纵向中心线(或其平行线)上选定前后两个参考点(例如发动机罩的中线与窗玻璃的中线),用瞄准器观察(注意观察时眼睛距瞄准器约一个拳头位置),如果上述两点均落在瞄准器十字分划板的垂直线上,则说明车辆已对准。否则,应重新停放车辆,或者通过旋转摆正旋钮,使光接收箱旋转一定角度,从而使仪器与车辆对准。

为方便检测,通常可利用地面上的行车导引线作为车辆驶入检测场地的参照物,使之正确地停放在检测位置上并与仪器对准。

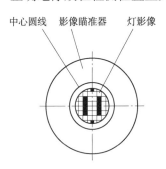

图 10-19　被检前照灯的对准

（2）被检前照灯的对准。

开亮前照灯远光灯,把仪器移动到被检前照灯前方(扳动电机开关可使光接收箱上下移动),使灯光照射在仪器光接收箱的镜面上。打开仪器后盖上影像观察器的镜盒盖,从镜盒盖反射镜上可观察到被检前照灯的影像。移动光接收箱的位置,使被检前照灯的影像落在影像观察器的正中央,如图 10-19 所示。这时就表示仪器已对准了被检前照灯。

（3）检测。

①把电源开关转至"检查"位置,电源指示灯亮,此时"发光强度指示表"指示出电源电压的大小。如果指针指示在绿区,表示电压充足,可进行检测,如果指示在红区,表示电压不足。

②确认电源电压正常后,把电源开关转至"工作"位置,仪器通电,电源指示灯亮。在屏幕上可见到被检前照灯光束投射而成的光斑,转动面板上的光轴刻度盘旋钮(左右及上下),使光斑大致在屏幕中间。

③边观察左右指示表及上下指示表指针偏摆情况,边转动光轴刻度盘旋钮,直至左右指示表、上下指示表均指零(正中央)时为止。此时光轴刻度盘上所指示的读数就是被检前照灯的光轴偏移量。同时,在发光强度指示表上指示出被检前照灯的发光强度。

**注意**:对于四灯制前照灯,应将辅助灯(或主动)用黑布遮挡,单独对主灯(或辅助灯)检测,然后再对辅助灯(或主动)进行检测。

（4）前照灯照射方向的调整。

在对需进行调整的前照灯的照射方向进行调整时,可将左右及上下光轴刻度盘旋钮置于所需要调整的方位(例如下 10cm/10m 和右 5cm/10m)上,然后边观察左右指示表及上下指示表指针的偏摆位置,边调整被检测前照灯的安装螺钉,直至左右指示表及上下指示表指针均指向(或接近于)零点(正中央)时即可。

（5）前照灯近光配光特性的观察。

在完成了检测步骤的(1)、(2)后,把仪器的光轴刻度盘旋钮(左右及上下)均置于 0°,开亮前照灯并转换至"近光",在屏幕上即呈现出被检前照灯的近光配光特性。

对于符合我国《汽车用灯丝灯泡前照灯》(GB 4599—2007)标准的前照灯,可通过旋转仪器上下刻度旋钮,使明暗截止线的水平部分与屏幕上的垂直方向0°线重合,此时上下刻度盘旋钮所指示的数值就是明暗截止线水平部分在垂直方向的偏移量。通过旋转仪器左右刻度盘旋钮,使明暗截止线的拐点与屏幕上的水平方向0°线重合,此时左右刻度盘旋钮所指示的数值就是明暗截止线拐点在水平方向的偏移量。

(6)检测完毕,把电源开关转至"关"状态。

### 4 维护保养

以QD-100D型电动式前照灯检测仪为例。

1)仪器校准

仪器在日常使用中无须经常性的校准。周期性的校准可半年或一年进行一次。校准的方法如下。

(1)校准灯置于仪器前方1m处,要求校准灯的纵向轴线(以校准灯顶部前后两准星为标志)与仪器镜面垂直。可利用仪器的瞄准器观察,使校准灯的两准星均落在瞄准器的垂直分划线上。

(2)接通校准灯电源,发光强度置于20000cd,光轴角置于0°(上下及左右)。

(3)接通仪器影像观察器观察,使仪器与校准灯对准。

(4)仪器的刻度盘旋钮(左右及上下)均置于0°,打开仪器光接收箱右侧盖,分别调节线路板上LR及UD电位器,使左右指示表及上下指示表指示为零。调节F.S电位器使发光强度指示表读数为20000cd。

2)保养与维护

(1)仪器应保持洁净状态,光接收箱前部的聚光镜面不得有灰尘及油污。如不慎被污染,可用湿布(或加少许洗洁精)进行抹洗。

(2)加油。

①两条立柱每月用适量钙基润滑脂均匀涂抹。

②从底座偏心轴上方的油孔上注入适量40号机油,为仪器轮加油,每月一次。

(3)故障检修。

①指示表全无指示,一般为电源插座或波段开关触片接触不良所致。

②发光强度指示表不工作,$IC_2$损坏或电表断路。

③左右指示表或上下指示表指针不偏转,电表断路,$IC_1$损坏。

④指示表在无光照情况下也指向满度,$IC_1$或$IC_2$损坏。

## 三 学习拓展

前照灯检测仪的检定应按照《机动车前照灯检测仪检定规定》(JJG 745—2002)、《机动车前照灯检测仪》(JT/T 508—2004)和《机动车安全检定技术条件第6部分:对称光前照灯检测仪检定技术条件》(GB/T 11798.6—2001)进行,主要包括以下内容。

### 1 检查外观及性能

(1)大灯仪应有清晰的铭牌,标有设备型号、设备名称、额定载荷、出厂编号、制造厂名和出厂日期。

(2)各操纵件如开关、按钮及插座、接线端子等应有明显的文字或符号标志,符号标志应符合有关标准的规定;操纵件的操作应灵活可靠、无松动或卡滞等现象。

(3)指针式显示仪表,表盘应清晰、指针能调零、回转应平稳、灵活,不应有卡滞、跳动现象;数字式显示仪表,不应有影响读数的缺陷。

(4)受光镜镜面应明净。

(5)电气系统安全性。

①大灯仪应有保护接地端子,该端子旁应有清晰接地标志。保护接地端子应通过专用的黄绿导线与保护接地点可靠连接。

②侧滑台的电气系统,其安全性应符合国标中额定工作电压不超过500V的Ⅰ类安全仪器的规定。绝缘电阻值不小于5MΩ。

③发光强度示值误差:不超过±12%。

④发光强度变化时光轴角示值误差:不超过±15′。

⑤照射方向变化时光轴角示值误差:不超过±15′。

⑥光轴角示值间差:不大于15′。

⑦大灯仪基准中心高度示值误差:不超过±1.5cm。

⑧配有打印装置或配置在计算机控制的机动车检测线上的前照灯检测仪,其仪表显示值、打印值或线上计算机显示值均应符合示值误差的要求。

**❷ 检定环境要求**

(1)进行检定时工作环境应保持温度为0~40℃。

(2)相对湿度≤85%的稳定状态。

(3)电源电压:额定电压±10%。

(4)检定应在周围无影响测量的污染、振动、噪声和电磁干扰的环境下进行。

**❸ 检定所需试验设备及工量具**

(1)大灯仪校准器一台,光强允差:不超过±4%,角度允差:不超过±3′。

(2)经纬仪一台,测角精度6″。

(3)水准仪一台,精度3级。

(4)绝缘电阻表(500V兆欧表)一个,量程大于100MΩ。

(5)钢卷尺一个,规格10m。

(6)细绳一根,长度15m。

(7)铅垂一个。

以上量具需经计量部门检定合格并在有效期内使用。

## 四 评价与反馈

**❶ 自我评价**

(1)通过本学习任务的学习你是否已经知道以下问题:

项目四 汽车安全性能检测设备的使用与维护

①前照灯的配光型是什么?

_____

②国家标准对前照灯性能的要求主要包括配光特性、发光强度和光束照射方向,对配光特性的要求是什么?

_____

(2)检测车辆的前照灯性能的操作过程中用到了哪些设备?在操作过程应注意哪些问题?

_____

(3)前照灯仪的操作流程有哪些?

_____

(4)通过本学习任务的学习,你认为自己的知识和技能还有哪些欠缺?

_____

签名:_____     _____年___月___日

## 2 小组评价(表10-2)

小组评价表    表10-2

| 序号 | 评价项目 | 评价情况 |
|---|---|---|
| 1 | 着装是否符合要求 | |
| 2 | 是否能合理规范地使用仪器和设备 | |
| 3 | 是否按照安全和规范的流程操作 | |
| 4 | 是否遵守学习、实训场地的规章制度 | |
| 5 | 是否能保持学习、实训场地整洁 | |
| 6 | 是否团结协作开展任务实施 | |

参与评价的同学签名:_____     _____年___月___日

## 3 教师评价

_____

教师签名:_____     _____年___月___日

## 五 技能考核标准

根据学生完成实训任务的情况对学习效果进行评价。技能考核标准见表10-3。

技能考核标准表    表10-3

| 序号 | 项目 | 操作内容 | 规定分 | 评分标准 | 得分 |
|---|---|---|---|---|---|
| 1 | 课前准备 | 个人工作服着装清洁整齐 | 5分 | 个人劳动保护有效得5分,否则扣1~5分 | |
| | | 课前分组集队整齐迅速 | 5分 | 课前分组集队整齐迅速得5分,否则扣1~5分 | |
| 2 | 前照灯检测仪操作步骤 | 检查前照灯仪及场地周围环境 | 5分 | 检查前照灯仪及场地周围环境得5分,否则扣1~5分 | |

续上表

| 序号 | 项目 | 操作内容 | 规定分 | 评分标准 | 得分 |
|---|---|---|---|---|---|
| 2 | 前照灯检测仪操作步骤 | 检查车辆轮胎气压及花纹符合运行要求 | 5分 | 检查车辆符合运行要求得5分,否则扣1~5分 | |
| | | 运行检测仪器,并输入车辆信息 | 5分 | 运行检测仪器正常得5分,否则扣1~5分 | |
| | | 前照灯远光光轴偏移量检测 | 10分 | 读取光轴刻度盘上所指示前照灯的光轴偏移量得10分,否则扣1~10分 | |
| | | 前照灯的发光强度检测 | 10分 | 读取得10分,否则扣1~10分 | |
| | | 前照灯近光明暗截止线水平部分在垂直方向的偏移量检测 | 5分 | 读取明暗截止线水平部分在垂直方向的偏移量得5分,否则扣1~5分 | |
| | | 前照灯近光明暗截止线拐点在水平方向的偏移量检测 | 5分 | 读取明暗截止线拐点在水平方向的偏移量得5分,否则扣1~5分 | |
| | | 前照灯灯光调校 | 10分 | 调校前照灯得10分,否则扣1~10分 | |
| | | 正确读取检测参数,并填写到对应检测表格 | 5分 | 正确处理检测数据得5分,否则扣1~5分 | |
| 3 | 前照灯检测仪的维护 | 前照灯检测仪校准 | 15分 | 按照前照灯检测仪校准项目开展得15分,否则扣1~15分 | |
| | | 前照灯检测仪保养 | 10分 | 按照前照灯检测仪维护项目开展得10分,否则扣1~10分 | |
| 4 | 现场管理 | 整个操作过程现场布局、清理、清扫整理 | 5分 | 现场管理整洁有序得5分,否则扣1~5分 | |
| | | 总　　分 | 100分 | 得　　分 | |

## 学习任务11　汽车转向盘转向力-转向角检测仪的使用与维护

### 学习目标

**知识目标**

1. 了解汽车转向性能检测参数及国家标准;
2. 理解汽车转向盘转向力-转向角检测仪的结构原理。

**技能目标**

1. 会操作汽车转向盘转向力-转向角检测仪;
2. 会对汽车转向盘转向力-转向角检测仪进行维护保养。

**建议课时**

4课时。

项目四 汽车安全性能检测设备的使用与维护

某出租司机最近反映,其驾驶车辆出现转向重的现象,直接影响到该驾驶员的正常工作,现在该车停放在汽车转向盘转向力—转向角检测工位,需要你对该车的转向盘的转向力和转向角进行检测。

## 一 理论知识准备

汽车转向系统的性能好坏直接影响汽车的行驶安全,其技术状况通常用转向盘自由行程、转向角和转向力作为诊断参数进行检测诊断。

**1 转向性能检测参数及国家标准**

(1)转向盘自由转动量。

转向盘自由转动量是指汽车保持直线行驶位置不动时,左右晃动转向盘时的自由转动量(游动角),转向盘的自由转动量是一个综合诊断参数,当其超过规定值时,说明转向盘至转向轮的传动件中有一处或几处的配合松旷。转向盘自由转动量过大时,将造成驾驶员工作紧张,并影响行车安全。根据国家标准《机动车行车安全技术条件》(GB 7258—2012)对转向盘的自由转动量要求:机动车转向盘的最大自由转动量从中间位置向左或向右均应≤10°(最大设计车速≥100km/h 的机动车)或 15°(最大设计车速<100km/h 的机动车)。

(2)转向盘操纵力。

机动车在平坦、硬实、干燥和清洁的水泥或沥青道路上行驶,以 10km/h 的速度在 5s 之内沿螺旋线从直线行驶过渡到直径为 24m 的圆周行驶,施加于转向盘外缘的最大切向力,根据国家标准《机动车行车安全技术条件》(GB 7258—2012)对转向盘的转向操纵力要求:不得大于 245N。

(3)转向轮最大转向角。

汽车转向角是指汽车前轮向左或者向右转到极限位置与前轮不发生偏转时中心线所形成的角度。一般汽车的转向角在 30°~40°之间。

**2 转向盘检测仪器结构及工作原理**

1)简易的转向盘自由行程检测仪

简易的转向盘自由行程检测仪如图 11-1 所示,主要由刻度盘和指针组成。刻度盘和指针分别固定在转向盘轴管和转向盘边缘上。固定方式有机械式和磁力式两种。

转向盘自由行程测量时,应使汽车的两转向轮处于直线行驶位置不动,轻轻向左(或向右)转动转向盘至空行程一侧的极限位置(感到有阻力),调整指针指向刻度盘零度。然后,再轻轻转动转向盘至另一侧空行程极限位置,指针所示刻度即为转向盘的自由行程。

2)转向参数测量仪结构及工作原理

 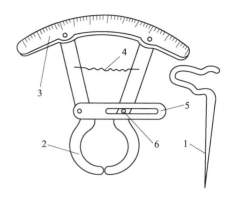

a) 检测仪的安装　　　　　　　　　　b) 检测仪

图 11-1　简易的转向盘自由相处检测仪

1-指针；2-夹盘；3-刻度盘；4-弹簧；5-连接板；6-固定螺钉

采用转向参数测量仪或转向测力仪等仪器，可以测得转向力（或力矩）及对应转角。下面以国产 ZC-2 型（图 11-2）转向参数测量仪为例，介绍其组成与工作原理。

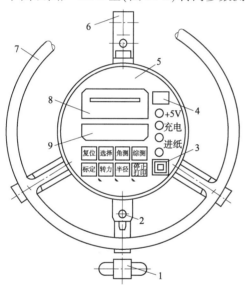

图 11-2　ZC-2 型转向参数测量仪

1-定位杆；2-固定螺栓；3-电源开关；4-电压表；5-主机箱；6-连接叉；7-操纵盘；8-打印机；9-显示器

（1）仪器组成。

该仪器主要由四部分组成：操纵盘、主机箱、连接叉和定位杆，如图 4-29 所示。操纵盘由螺栓固定在三爪底板上，底板经扭矩传感器与连接叉相接，每个连接叉上都有一只可伸缩长度的活动卡爪，以便与被测转向盘相连接。主机箱为一圆形结构，固定在底板中央，其内装有接口板、微机板、转角编码器、打印机和电池等，力矩传感器也装在其内。定位杆从底板下伸出，经磁力座吸附在驾驶室内的仪表盘上。定位杆的内端连接有光电装置，光电装置装在主机箱内的下部。

（2）工作原理。

当把转向测量仪对准被测转向盘中心，调整好三只活动卡爪长度与转向盘连接牢固后，转动操纵盘的转向力通过底板、力矩传感器、连接叉传递到被测转向盘上，使转向盘转动以实现汽车转向。此时，力矩传感器将转向力矩转变成电信号，而定位杆内端连接的光电装置则将转角的变化转变为电信号。这两种电信号由微机自动完成数据收集、转角编码、运算、分析、存储、显示和打印，因而该仪器既可测得转向力矩（或转向力），又可测得转向盘转角，当然也可测得转向盘自由转动量。

## 二 任务实施

### 1 准备工作

（1）将待检车辆停放在维修区域，车辆轮胎气压应符合各自的规定值（出厂标准），检查并清除轮胎上的油污、水渍和嵌入的石子、杂物等。

（2）检查转向盘转向力-转向角检测仪配件是否齐全,能否正常运行。

（3）检查检测周围场地有无机油、石子、泥污等杂物,并清除干净。

### 2 技术要求与注意事项

（1）机动车转向盘的最大自由转动量从中间位置向左或向右均应≤10°（最大设计车速≥100km/h 的机动车）或 15°（最大设计车速<100km/h 的机动车）；转向盘的转向操纵力要求不得大 245N。

（2）转向盘转向力-转向角检测仪安装要紧固,防止检测过程中出现松脱,损伤仪器。

（3）转向盘转向力-转向角检测仪在操作过程中,必须按照国标要求,在规定的场所,按照规定车速及规程操作,以免影响检测结果。

### 3 操作步骤

以 WFY-B 型电脑转向盘转动量-转向力矩检测仪为例。

1）仪器的主要功能和特点

具有转向力、转向角的即时值、保持和峰值测量功能,具有传感器标定功能,可方便快捷的任意设置测量零点,可与计算机进行串行通信,仪器内部配有可充电电池,充满电可连续工作 6h 以上,并具有欠压提示等功能,可以采用无线方式与上位机联网,无线传输距离不小于 100m。

2）仪器的主要技术性能指标

转向力测量范围：±100Nm,分辨率：0.1Nm。

零点漂移：≤2d。

鉴别力阈：≤1.5d。

示值允许误差：±2%F·S。

示值变动性：±2%F·S。

转角测量范围：0~30000（或±15000）,分辨率：10,示值允许误差：±2%F·S。

仪器内部可充电电池电压：7.2V,容量：1800mAh。

串行数据通信接口标准：RS-232C（三线式：RXD、TXD、GND）。

串行通信速率：9600B。

3）车辆和仪器准备

（1）将车辆停在平直干燥路面,保持车辆前轮处于直线行驶状态。

（2）安装仪器时松开连接叉三只伸缩爪上的紧固螺钉,松开连接卡环,将卡环扣在被测车辆的转向盘上并拧紧螺钉。

（3）调整三只伸缩的卡子,使仪器的回转中心与被测车辆转向盘的回转中心重合,旋紧伸缩爪上的紧固螺钉,反复转动仪器的操纵盘,确认仪器连接无松动现象。

（4）然后调整"定位杆"的长度,将皮碗湿润后吸在被测车辆仪表盘（或玻璃）上,再将另一端插入仪器中心的转角传感器轴上,并锁紧完成仪器安装（图 11-3）。

4）汽车转向盘转向力-转向角测量

图 11-3　转向盘转向力-转向角检测仪的安装

按下电源开关或按下复位键后,显示器仪器显示主菜单(图 11-4),按照菜单的提示按不同的键选择相应的功能。通用的检测过程如下。

(1)按确认键输入车牌号,包括 1 位简称和 7 位车牌号,然后按确认键返回到主菜单。(车牌号不足 7 位时,请输入字母 Z 后的"/"作为空格),也可不输入车牌号,直接按向下键进入检测。

(2)最大转向力和自由转动量的检测。

① 最大转向力的检测。

将"左/右"键设置"左"或"右"位置,将"峰/时"键弹起,处在实时测量位置,将"保持"键弹起,分别调节"转角调零"和"转矩调零",使显示器读数为零,如图 11-5 所示。

| 确认键 | 输入信息 |
| --- | --- |
| 向下键 | 查看数据 |
| 向上键 | 进入检测 |
| 右向键 | 消除数据 |

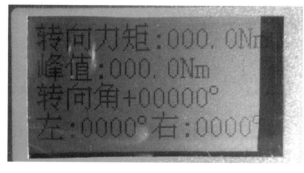

图 11-4　转向盘转向力-转向角
　　　　　检测仪显示器主菜单

图 11-5　转向盘转向力－转向角检测仪调零

然后按照国家标准要求,以 10km/h 速度,进行"8"字形行驶或进行蛇形行驶,行驶结束后,显示器上显示的转向力矩就是行驶过程中"左/右"键所选择的左转或右转的最大转向力矩(图 11-6),最大转向力为显示器的读数除以被测车转向盘的直径,转向盘的直径单位是"m",转向力的单位是"N"。

② 转向盘的自由转角的检测。

将"左/右"键设置"左"或"右"位置,将"峰/时"键弹起,处在实时测量位置,将"保持"键弹起,分别调节"转角调零"和"转矩调零",使显示器读数为零。

项目四　汽车安全性能检测设备的使用与维护

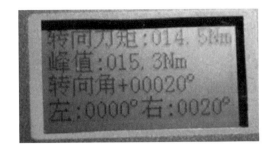 

图11-6　转向盘转向力-转向角检测仪最大转向力矩检测界面

然后向左或向右转动转向盘,显示器上的转角和转矩不断增加,当转向盘转到力矩达到 5N·m 时,记录转角读数,再次设置调零,向右或向左转动转向盘,当转向盘转到力矩达到 5N·m 时,再记录转角读数(图11-7),两个读数的绝对值之和就是转向盘的自由转角。

 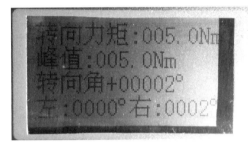

图11-7　转向盘转向力-转向角检测仪自由转角检测界面

③按向上键可以查看存储的检测结果,按确认键则进入数据处理程序。仪器可存储 200 组检测数据。

④按右向键可删除存储的数据。

⑤按左向键输入测量转向盘的直径。

### 4 汽车转向盘转向力-转向角检测仪的维护

(1)仪器的标定。仪器的标定在仪器通电 5min 后再进行,以保证标定的准确性。在标定状态下向下键用于转角标定,左向键用于转向力标定,回零键用来设置标定时零点。为保证传感器系数的安全性,标定时应先同时按住复位键和相应的标定键,然后先抬起复位键,后抬起相应的标定键,才可进入标定界面。

(2)转向力传感器的标定过程。

①同时按住复位键和左向键后,先抬起复位键,后抬起左向键,便进入转向力标定界面。

②先不加标定质量使仪器稳定一段时间,待显示器上的显示值相对稳定后,按下确认键。

③仪器将当前的显示值作为 0 点处理,然后按照标定界面右上角提示的 59N·m(即在 60cm 长的力臂上加上 10kg 的标定砝码)加载,待其稳定后,再按一下确认键结束标定过程,仪器自动计算出系数并显示在显示器上,同时将系数存入仪器内部的 FLASH 存储

器中。

④再按一下确认键即退出标定状态进入测量状态(也可按复位键退出标定进入测量状态)。

(3)转角的标定过程。

①同时按住复位键和向下键后,先抬起复位键,后抬起向下键,便进入转角标定界面。

②确定好转角标定的起点,待显示器上的显示值相对稳定后,按下回零键。

③将仪器将当前的显示值作为0点处理,然后按照标定界面右上角提示的7200的标定值标定,待其稳定后,再按一下确认键,仪器便自动计算出系数并显示在显示器上,同时将系数存入仪器内部的FLASH存储器中。

④再按一下键即退出标定状态进入测量状态(也可按复位键退出标定进入测量状态)。

## 三 学习拓展

汽车转向盘转向力-转向角检测仪的检定应按照《汽车转向盘转向力-转向角检测仪检定规程》(JJG(交通)007—2005)和《机动车方向盘转向力-转向角检测仪校准规范》(JJF 1196—2008)进行,主要包括以下内容。

### ❶ 外观及性能

(1)汽车转向盘转向力-转向角检测仪应有清晰的铭牌,标有型号、制造厂名、出厂日期、出厂编号、额定载荷。

(2)活动部件功能完好、滚筒表面完好、转动灵活。

(3)仪表显示清晰,无影响读数的缺陷。数字显示应在5s内稳定,示值保留时间不少于8s指针式仪表指针回转应平稳,不应有跳动、卡住和阻滞现象。

(4)配有打印装置或在配置计算机控制系统的机动车辆检测站中的车速台,其打印值或计算机显示值与仪表显示值都应符合示值误差要求,而且它们之间的差值不得超过示值误差。

### ❷ 零值误差和零点漂移

(1)零值误差不超过±1km/h。

(2)数显式车速台30min的零点漂移不超过1km/h。

(3)滚筒表面的局部磨损量:滚筒表面的局部磨损量不超过标称外径的1%。

(4)滚筒表面的径向圆跳动量:滚筒表面的径向圆跳动量不超过1mm。

(5)示值误差:车速台示值误差不超过±3%。

### ❸ 检定条件

(1)检定时环境条件。

①环境温度:0~40°C。

②相对湿度:不大于85%。

③电源电压:220V±10%。

④检定应在周围无影响测量的污染、振动、噪声、电磁干扰的环境下进行。

(2)检定用仪器设备及主要技术要求。

①长量爪游标卡尺:300mm 分度值0.10mm。

②平尺:500mm,1级。

③塞尺:Ⅰ型,2级。

④百分表:10mm,2级。

⑤测(转)速仪:60km/h 以上 ±0.6%(2000r/min 以上)。

## 四 评价与反馈

### 1 自我评价

(1)通过本学习任务的学习你是否已经知道以下问题:

①转向盘转向力-转向角检测仪进行车辆的转向性能检测时,要对转向盘的哪些参数进行测量?

②检测车辆的转向性能的操作过程中用到了哪些设备,在操作过程应注意哪些问题?

(2)转向盘转向力-转向角检测仪的操作流程有哪些?

(3)转向盘转向力-转向角检测仪在维护时应进行哪些工作?

(4)通过本学习任务的学习,你认为自己的知识和技能还有哪些欠缺?

签名:_____　　_____年____月____日

### 2 小组评价(表11-1)

小组评价表　　　　　　　表11-1

| 序号 | 评价项目 | 评价情况 |
| --- | --- | --- |
| 1 | 着装是否符合要求 | |
| 2 | 是否能合理规范地使用仪器和设备 | |
| 3 | 是否按照安全和规范的流程操作 | |
| 4 | 是否遵守学习、实训场地的规章制度 | |
| 5 | 是否能保持学习、实训场地整洁 | |
| 6 | 团结协作情况 | |

参与评价的同学签名:_____　　_____年____月____日

### 3 教师评价

教师签名:_____　　_____年____月____日

## 五 技能考核标准

根据学生完成实训任务的情况对学习效果进行评价。技能考核标准见表11-2。

技能考核标准表　　　　　　　　　　　　　　　表11-2

| 序号 | 项目 | 操作内容 | 规定分 | 评分标准 | 得分 |
|---|---|---|---|---|---|
| 1 | 课前准备 | 个人工作服着装清洁整齐 | 5分 | 个人劳动保护有效得5分,否则扣1~5分 | |
| | | 课前分组集队整齐迅速 | 5分 | 课前分组集队整齐迅速得5分,否则扣1~5分 | |
| 2 | 转向盘转向力-转向角检测仪的使用 | 将检测仪安装在车辆转向盘上,紧固无松旷 | 5分 | 检测仪安装紧固无松旷得5分,否则扣1~5分 | |
| | | 检查车辆轮胎气压及花纹符合运行要求 | 5分 | 检查车辆符合运行要求得5分,否则扣1~5分 | |
| | | 运行检测仪器,并输入车辆信息 | 5分 | 运行检测仪器正常得5分,否则扣1~5分 | |
| | | 测量最大转向力值 | 15分 | 能测量最大转向力值得15分,否则扣1~15分 | |
| | | 测量转向盘的自由转角 | 15分 | 能测量转向盘自由转角得15分,否则扣1~15分 | |
| | | 关闭仪器电源,从转向盘上拆卸仪器 | 15分 | 关闭电源,拆卸仪器得15分,否则扣1~15分 | |
| | | 能正确读取检测参数,并填写到对应检测表格 | 5分 | 能正确处理检测数据得5分,否则扣1~5分 | |
| 3 | 转向盘转向力-转向角检测仪的维护 | 转向力传感器的标定 | 10分 | 能按照流程完成转向力传感器的标定得10分,否则扣1~10分 | |
| | | 转角传感器的标定 | 10分 | 能按照流程完成转角传感器的标定得10分,否则扣1~10分 | |
| 4 | 现场管理 | 整个操作过程现场布局、清理、清扫整理 | 5分 | 现场管理整洁有序得5分,否则扣1~5分 | |
| | 总　分 | | 100分 | 得　　分 | |

# 项目五　汽车环保性能检测设备的使用与维护

## 学习任务 12　烟度计的使用与维护

 **学习目标**

★ 知识目标

1. 了解烟度计的检测参数；
2. 理解烟度计的结构原理；
3. 熟悉烟度计检测参数的国家标准。

★ 技能目标

1. 能熟练使用烟度计进行废气检测；
2. 能对烟度计进行检查和调试。

**建议课时**

6 课时。

 **任务描述**

现受交通管理部门委托,需要对市区 12 个重点载货汽车尾气监测控制点进行尾气烟度抽查,根据检测站安排,需你前往第 6 监测点配合交通管理人员进行大型载货汽车排气烟度的抽查检测作业。请正确使用烟度计,根据相关标准,完成好汽车排气烟度检测作业。

### 一　理论知识准备

 **柴油车废气的基本知识**

1) 柴油车排放污染物的形成和危害

通常柴油机在大负荷工况工作时,例如当汽车加速、爬坡及超载时会产生黑烟。

黑烟不是纯粹的碳,而是一种聚合物,其主要成分随柴油机负荷不同稍有差别,一般含 C 85%～95%,$O_2$ 4%～8%,及少量的 $H_2$ 和灰分。

柴油机中燃料的高温裂解反应是不可避免的,特别是在空间混合燃烧的柴油机中,高温的气体包围着液态的油滴,造成了进行裂解反应的有利条件。对燃烧过程的高速摄影已经证实,在燃烧初期,上止点附件(燃料点燃后 5°～10°曲轴转角)都会出现大量黑烟。但是在一般情况下,含碳混合气在燃烧过程后期可以完全燃烧,而使排气无烟。如果汽缸中空气不足,混合不佳或者由于燃气膨胀而使汽缸内局部温度下降到碳反应温度(约 1000℃)以下,则碳不能进一步燃烧而保持其固体状态排除汽缸外,形成黑烟。因此废气中是否出现黑烟,主要取决于膨胀期间温度下降以前燃料是否能够迅速地与空气混合并燃烧。

2)柴油机黑烟排放量的影响因素

(1)燃料。因十六烷的稳定性差,在燃烧过程中易于裂解,故燃料的十六烷值较高时,有较大的冒烟倾向。

(2)喷油。喷油时间过早,可使着火备燃期延长,备燃期内的喷油量较多,使循环温度升高,燃烧过程结束较早,排烟可降低;喷油时间推迟,其喷油是发生在最小的着火备燃期之后,这时扩散火焰大部分在膨胀行程中,火焰温度较低,燃油裂解的条件差,所以黑烟减少。

(3)转速。对直喷柴油机,排烟随转速提高而稍有增加。因为转速提高,易使混合气来不及形成和燃烧,使未燃烧的油和局部混合气浓度增加。

(4)负荷。排烟度随着负荷增加而增多。负荷增加时,喷油量增加,燃烧速度增加,燃烧温度亦提高,易生成黑烟。

### 2 烟度计结构及原理

烟度计是测定汽车排出废气中烟度的仪器。在工业自动化的时代,烟度计主要用于柴油机排出废气的测定。烟度计大致分为滤纸式烟度计、透光式烟度计类型,使用不同类型的烟度计,其烟度的定义也不同。

1)滤纸式烟度计的结构和工作原理

(1)基本检测原理。

用滤纸式烟度计测试自由加速工况下柴油烟度时,需从排气管抽取规定容积的废气,并使之通过规定面积的标准洁白滤纸,其滤纸被污染黑的程度成为烟度,烟度用符号 $Sf$ 表示,烟度单位是无量纲的量,用符号 FSN 表示。滤纸染黑的程度不同,则对照射到滤纸表面光线的反射能力不同。据此,烟度 $Sf$ 表示为:

$$Sf = 10 \times \left(1 - \frac{R_d}{R_c}\right)$$

式中:$R_d$、$R_c$——分别表示污染滤纸和洁白滤纸的反射因数,$R_d/R_c$ 的值由 0～100%,分别对应于全黑滤纸的反射和洁白标准滤纸的反射。

当污染滤纸为全黑时,烟度值为 10;滤纸没有受污染时,烟度值为 0。

(2)滤纸式烟度计的工作原理。

滤纸式烟度计的工作原理是利用吸气泵在一定时间内吸取一定量的废气,并使这部分废气通过一定面积的滤纸,使废气中的黑烟粒子吸附在滤纸上,滤纸变黑。然后用一定的光线照射在滤纸,并用光电池接受滤纸反射光,再根据光电池产生的电流使仪表指针偏转,把烟度用污染度百分比形式显示出来。

(3)滤纸式烟度计的结构。

滤纸式烟度计由废气取样装置、烟度检测装置、烟度指示装置和校准装置等组成,如图 12-1 所示。

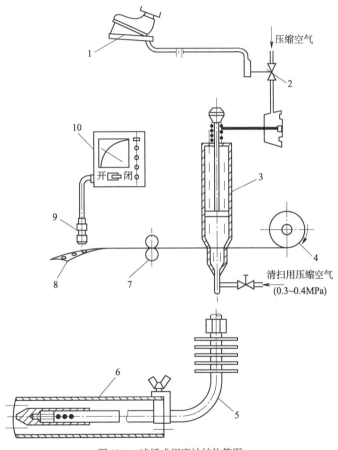

图 12-1 滤纸式烟度计结构简图

1-脚踏开关;2-电磁阀;3-抽气泵;4-滤纸卷;5-取样探头;6-排气管;7-夹紧机构;8-染黑的滤纸;9-光电传感器;10-指示仪表

①废气取样装置:废气取样装置由活塞式抽气泵、取样探头、取样管及电磁阀等组成。

②烟度检测与指示装置:烟度检测装置由环形硒光电池、光源和指示仪表构成。指示仪表是一块微安表,当由硒光电池输送来的电流强度不同时,指示仪表指针的位置也不同。仪表表盘以 0~10 均匀刻度,测量全白滤纸时指针位置为 0,测量全黑滤纸时指针位置为 10。

③走纸机构:滤纸经夹紧机构和烟度检测装置、由电动机带动走纸轮转动,走纸轮则带动滤纸实现位移。

④控制机构:控制机构包括用脚操纵的抽气泵电磁开关、滤纸进给机构和压缩空气清洗机构等。压缩空气清洗机构可在废气取样前,用压缩空气清除探头内和取样管内积存的炭粒。控制用压缩空气的压力为 392~588kPa;清扫用压缩空气的压力为 294~392kPa。

2) 不透光烟度计的基本检测原理

不透光烟度计(smoke opacimeter,又称消光式烟度计)是一种根据光在排气中被烟气消减的程度来测量烟度的仪器,如图 12-2 所示。不透光烟度计可分为全流式和分流式两类。全流式不透光烟度计通过测量全部排气的率来检测烟度,而分流式不透光烟度计则是通过测量由取样管引入的部分烟气的透光衰减率来检测烟度。

图 12-2　不透光烟度计基本检测原理

$$\Phi = \Phi_0 e^{-KL}$$

式中:$\Phi_0$——入射光通量(luminous flux),lm;

$\Phi$——出射光通量,lm;

$K$——光吸收系数;

$L$——光通道有效长度,m。

$$K = -\frac{1}{L}\ln\frac{\Phi}{\Phi_0}$$

由于我国新的排放标准中用光吸收系数作为柴油机排放烟度的评价指标,因此不透光烟度计应使用光吸收系数作为计量单位,它是一种光吸收的绝对单位。

但有的不透光烟度计用不透光度作为计量单位,其不透光度是指光线被排烟吸收而不能到达光接收器的百分率。仪表的不透光度可用下式换算为光吸收系数:

$$K = -\frac{1}{L}\ln\left(1 - \frac{N}{100}\right)$$

式中:$N$——不透光度读数,%;

$K$——相应的光吸收系数值。

两种计量单位的刻度范围均以光全通过时为零,光全吸收时为满量程。即烟气完全不吸光时,$N = 0$,$K = 0$;光线完全被烟气吸收时,$N = 100$ 时,$K = \infty$ ($m^{-1}$)。

### 3 柴油车排放污染物监测方法

1) 烟度法

烟度法是指对柴油车排烟浓度进行监测的方法,可分为稳态测量和非稳态测量两种。

(1) 全负荷烟度测量法。

全负荷烟度测量法是指柴油机在全负荷稳定转速下测量柴油机排气烟度的一种方法。由于柴油车冒黑烟在全负荷运转时较为严重,因此全负荷烟度测量法是柴油车烟度检测中最常用的方法。

我国于2005年7月1日起实施的《车用压燃式发动机和压燃式发动机汽车排气烟度排放限值及测量方法》(GB 3847—2005)标准中,规定压燃式发动机形式核准的烟度检测试验采用全负荷烟度测量法。

我国车用柴油机全负荷烟度测量法要求:在全负荷曲线上不同稳定转速下测定排气烟度(光吸收系数值),在最高额定转速和最低额定转速之间应选取足够多的转速工况点(其中必须包含最大转矩转速点和最大功率转速点)对各种车用柴油机进行全负荷烟度测量,每一转速下的烟度测量必须在柴油机运转稳定后进行,任何一次测量结果都不得超过允许限值。

全负荷烟度测量法既可在发动机上(利用发动机试验台架)进行,也可在汽车上(利用汽车底盘测功机)进行。对于高度强化柴油机和增压柴油机,由于在突然加速等过程中排烟浓度很高,因此,全负荷烟度测量法还不能反映出柴油机的全部排烟特性。

(2)加载减速工况法。

加载减速工况法(Lug Down Mode)是一种在汽车底盘测功机上模拟车辆负载稳定运行时测量压燃式汽车排气烟度的方法。

《车用压燃式发动机和压燃式发动机汽车排气烟度排放限值及测量方法》(GB 3847—2005)规定,在机动车保有量大、污染严重的地区,对于压燃式发动机在用汽车的排放监控采用加载减速工况法测量排气烟度。

2)非稳态烟度测量

非稳态烟度测量是指柴油车在变工况条件下利用不透光烟度计检测其排气烟度。柴油机在非稳态下的排气烟度受多种不稳定因素影响而变化很大,为了客观公正地反映柴油车的排烟特性,对非稳态烟度测定应有严格控制的试验规范。

目前,非稳态烟度测量广泛使用自由加速烟度法。我国2005年7月1日实施的《车用压燃式发动机和压燃式发动机汽车排气烟度排放限值及测量方法》(GB 3847—2005)中,规定在用汽车检测使用自由加速烟度法。

自由加速烟度法是指柴油机从怠速状态突然加速至高速空载转速过程中进行排气烟度测量的一种方法。典型的自由加速烟度检测规范如图12-3所示。

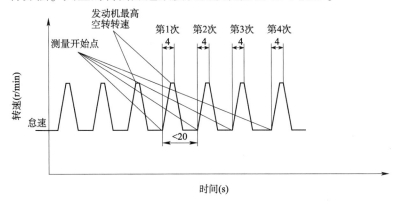

图12-3 自由加速烟度检测规范

### 4 与汽车排气烟度排放限值及测量方法相关的国家标准

（1）与汽车排气烟度排放限值及测量方法相关的国家标准是2005年修订实施的《车用压燃式发动机和压燃式发动机汽车排气烟度排放限值及测量方法》（GB 3847—2005）。

（2）各地方环保行政主管部门根据当地的城市近地面空气质量、车辆的保有量与增长速度和公众的意见，来选择确定在用柴油车烟度的检测方法有两点要求：

①对于一类车型，只能采取自由加速法和加载减速法其中的一种。

②对于加载减速检测法，除了用于年检制度中，还必须要用于来自目测、遥感捕捉到的"黑烟车"，以配合、加强环保局的监管，提高控制汽车黑烟污染的实际收效。

（3）关于在用柴油车加载减速检测的标准限值，根据2003年9月26日在北京由国家环保总局科技标准司主持召开的关于汽车排放标准的专题会议形成的纪要，标准限值由地方环境保护部门自行规定。

（4）各地方环境保护行政主管部门在制订当地在用柴油车烟度排放标准时，须遵守下述基本原则，并可参照下述标准限值。

①基本原则。

根据车型在新车（发动机）进行型式核准时所达到的排放水平，来规定该车型的在用车烟度排放限值（一般在用汽车采用自由加速排气检测时排放限值为型式核准时可见污染物测量值的校正值再加$0.5m^{-1}$）。

②排放限值参照表12-1。

**汽车排气烟度排放限值参考限值表**　　　表12-1

| 最大允许排放限值（HSU） | 光吸收系数（$m^{-1}$） | 对应的新车车型（发动机机型） |
| --- | --- | --- |
| 29 | 0.8 | 排放满足欧洲Ⅲ号 |
| 40 | 1.19 | 轻型车排放符合GB 18352.2标准要求，重型车（压燃式发动机）排放符合GB 17691标准中第二阶段要求 |
| 50 | 1.61 | 轻型车排放符合GB 18352.1标准要求，重型车排放符合GB 17691标准中第一阶段要求 |
| 60 | 1.8 | 排放未达到以上标准的车型（发动机） |

## 二 任务实施

### 1 准备工作

（1）将实训车辆停放在维修区域，确认车辆工作信息，预热检测车辆，达到汽车使用说明书规定的热车状态。

（2）准备好烟度计，并校准、预热。

（3）准备常用工具套件、车辆挡块、翼子板布、三件套等工具。

（4）准备好常用故障诊断仪。

### 2 技术要求与注意事项

利用发动机烟度计可以方便地检测出发动机的废气中的颗粒物排放量，为发动机故障分析和性能调试提供了很好的参考作用,只要在检测过程中注意正确的操作方法,就能很好帮助进行故障分析及性能调试。

(1)检测中应将踏板开关装到加速踏板上;

(2)测量装置与滤纸应贴紧,最好在已附有炭粒的滤纸面上垫上十几张空白滤纸;

(3)不要弯折取样头、导管,测量结束时,取出取样头,并罩好取样头盖;

(4)测量装置内有灯泡和半导体光电池,存放时要避免强光照射并防止振动;

(5)取样软管的内径和长度有规定,不能用其他型号管子代替;

(6)指示装置不用时,应把测量开关打到关的位置,以免在移动或运输时损坏指示电表;

(7)指示装置不能放置在有振动和湿度大的地方;

(8)滤纸和校准用标准烟样,不要放置在阳光下曝晒或灰尘多的地方,以防污染;

(9)标准烟样要定期更换;

(10)数字显示、打印、微机系统如有故障,应由专业人员进行修理。

### 3 操作步骤

1)使用不透光式烟度计进行柴油机烟度检测操作

(1)组装仪器。连接取样管和排气管。

(2)仪器预热。接上平台电源,打开电源开关,仪器进入预热状态。预热屏及菜单屏如图12-4、图12-5所示。

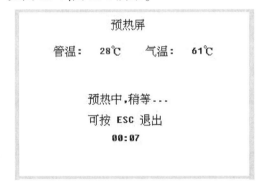

图12-4 预热屏

图12-5 菜单屏

仪器打开电源后,由于光学平台的管温必须恒定在75±3℃才能准确测量,一般需要预热2~5min,当温度达到要求后自动退出预热屏。时间视用户所处环境温度而定。

仪器退出预热之前会自动进行清零,然后进入测量屏。

**注意**:不要强制退出预热屏,应该让仪器自动退出。

主菜单界面如图12-5所示,此界面是菜单的顶层,可以通过"↑""↓"选择子菜单,按"OK"进入。而子菜单可以通过ESC按键,最终返回主菜单。

(3)各测量界面显示数据及操作介绍。

①测量屏(图12-6)。在测量屏可对排气进行连续测量,直接显示排气的$N_s$值、$k$值、气温、管温、油温,所有数值都是瞬态值。

(快捷键:测量屏、稳态屏、加速屏三个界面可以通过"←"、"→"两个按键实现快速切换)

$N$ 值和 $k$ 值的转换关系式为:

$$k = -\frac{1}{L} \cdot \ln(1 - N\%)$$

式中,$L = 0.43\text{m}$。

"管温"表示当前光学平台检测管道温度。

"气温"表示当前排气温度。

"油温"在没有接油温传感器时,表示显示仪表内部的温度;接油温传感器就表示传感器探头所处位置的温度。

"RPM"表示当前转速($RPM$ 表示每分钟的转数)。

"$N_s$"表示折算成国际通用光路长度(0.43m)后的不透光度。

"$k$"表示光吸收系数,单位是米的倒数,$\text{m}^{-1}$。

"模式"表示当前所用的数据过滤模式。

温馨提示:由于本仪器的光学平台所用光路长度是 0.215m,而国际通用光路长度是 0.43m,故在测量屏测量滤光片,测量的 $N_s$ 值大约为标称值的 2 倍。

②稳态屏(图 12-7)。稳态屏用来测量发动机在稳态工况下发动机的排气可见污染物。这个界面各个温度值所表示的意义和测量屏中的相同。稳态屏提供 $RPM$、$k$、$N$ 的当前值和最大值(其中当前值与测量屏的瞬态值一样),最大值可以打印和保存。

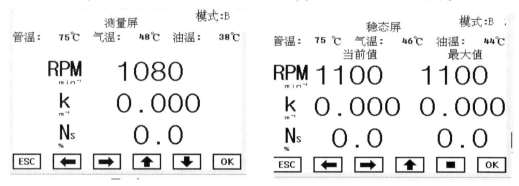

图 12-6　测量屏　　　　　　　　　图 12-7　稳态屏

"↓"键有两个作用:停止。当提示图标为"■"时(图 12-8),按下"↓"键,仪器停止最大值的采样,这时候相当于锁定屏幕,反显最大值,同时图标变为"▶",并提供保存和打印最大值的功能。开始。当提示图标为"▶"时,表示按下"↓"键后仪器将清除当前的最大值,并重新开始采样稳态最大值,同时图标变回"■"。

③加速屏(图 12-9)。

加速屏一般用于法规测量。一次完整的加速过程描述如下。

预触发。仪器进入加速屏后,光学平台就处于预触发状态。所谓"预触发状态"是指光学平台以 50Hz 的频率采样(20ms 一次),保存最近 1s 的数据(50 个),例如从时间 0ms 开始,1000ms 后,就满 50 个数据(D20、D40……D1000),在 1020ms 时,50 个数据就变成

（D40、D60……D1020），依此类推。

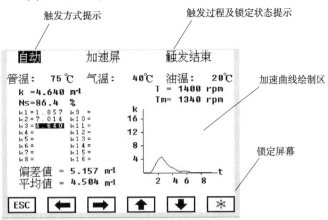

图12-8　加速屏测试显示

开始触发。采集开始触发后9s钟的数据,再加上预触发1s,构成完整的10s加速数据。

触发结束。临时保存10s,共500个加速数据,工作计算最大值并显示。$k_1$、$k_2 \cdots k_{16}$就是每次加速过程的最大值。

触发结束后,又进入预触发状态,等待下一次触发。

当测试次数超过3次(含3次),仪器会显示最后3次的平均值和偏差值。每次采样时间是10s,采样结束后在"加速曲线绘制区"显示当次采样的光吸收系数的变化趋势(见图12-8)。

④锁定状态

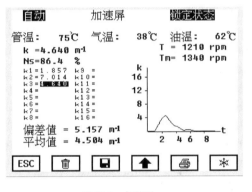

图12-9　加速屏

当锁定屏幕后,会出现"锁定状态"(图12-9),同时出现 🗑 、💾 、🖨 3个图标。它们的功能如下:

🗑 清空加速数据;

💾 保存最后3组数据以及平均值。

🖨 打印最后3组数据以及平均值(包括日期时间及车牌)。

在锁定状态下烟度值的变化不能触发仪器的采样。在此状态下,可以查询前面数据的 $N$ 值,可以打印测量结果。需要继续采样,可以再按下"OK",回到"触发状态",继续测量。若加速超过16次,仪器将自动冲掉最早的加速数据。

温馨提示:如果测试次数少于3而锁定屏幕,保存和打印结果只有当次的一组数据。

(4)车辆信息。

①输入车牌号码,⟵⟶选择位置;

②↑↓选择光标所在的数值、字母、汉字等内容。

省份简称排列顺序是:京津沪渝粤黑吉辽蒙晋豫冀鲁皖苏浙闽湘赣桂藏青甘宁新陕川黔琼云鄂港澳台无。

温馨提示:"无"表示打印时不输出车牌号码。

车牌号码"-"左侧的内容(见图 12-10 中的"粤 E"两字),断电后仍然可以保存。若需要改变"-"左侧内容,必须使光标落在左侧,按"↑或↓"进行更改,完成后按下"OK"。提示"已保存"后,然后自动退出界面。

(5)功能选择。

以清零(图 12-11)为例。

图 12-10　车牌选择屏　　　　　　　　图 12-11　功能选择屏

"清零"选项表示仪器可进行清零的操作。当光标指向"清零"时按下"OK",如果清零成功则提示"完成",否则提示"失败"。

该功能主要用于仪器零位漂移较大时,对仪器进行清零。

温馨提示:进行"清零"时,必须保证光路没有黑烟或遮挡物。

(6)线性检查。

"线性检查"表示要求仪器进行线性检查,即检查平台的测量误差是否落在线性度要求范围内。

在进行线性检查之前,请先手动进行清零。

按"↑""↓"移动光标。当光标指向"1. 自动检查"时,按下"OK",仪器自动进行半光强线性检查,即仪器自动将光源强度减为 50%,然后检查误差是否符合要求。如提示"合格"则退出界面,继续正常使用。如提示"不合格"(图 12-12),请进行滤光片检查,确认仪器是否超差。

图 12-12　线性检查菜单

当光标指向"2. 滤光片检查"时,按下"OK",屏幕出现"N = ××.×%"的示值(见图12-13)。

插入不同的标准滤光片(已知不透光度),记录相应的 $N$ 值,绝对误差不超过 ±2%,说明仪器的测量精度达到要求;若超出 ±2%,认为是超差。

当光标指向"3. 校准设定"时按下"OK",再连续8次按下"→"键时屏幕将出现××.×%(图12-13),↑、↓设置增减数值。校准设定

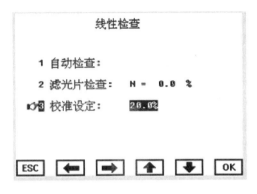

图12-13　线性检查屏设置

的作用是,通过校准使平台测量误差落在线性度要求范围内。该功能主要用于工厂内部调试,不建议客户使用,如需使用,请联系供应商或厂家。

如果滤光片检查超差,用清扫刷(或者软布)清洁光路的凸透镜,重新清零,再进行一次滤光片检查,如果仍然超差,说明仪器测量不够准确,请联系生产厂家。

(7)设置加速模式(图12-14)。

"设置加速模式"可让用户选择自动触发还是手动触发,按"OK"键进入。然后按"↑""↓"可在两种方式间转换。若选择自动触发,则发动机一旦进行加速,仪器检测到烟度值明显变化,将自动触发一次加速过程。若选择手动触发,则每次进行加速测试必须手动按下按键(加速屏的"▶"键)。手动触发适合在发动机加速 $k$ 值很小的情况下使用(比如非自由加速),此时无法自动触发,选择手动触发可避免测试不了低 $k$ 值的情况发生。

(8)数据过滤选择。

进入此选项可以选择数据过滤的模式,按"↑""↓"键选择好模式后,按"💾"键即可将仪器的数据处理设置成所选模式(图12-15)。

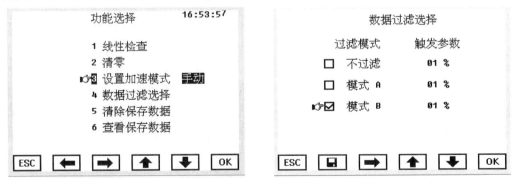

图12-14　功能选择菜单　　　　　　图12-15　数据过滤选择

若要改变所选过滤模式的触发参数,则按一下"OK"键,就会出现提示"输入密码",密码是07,即连续按7次"OK"键即可进入设置触发参数。这时通过"→"键进行位选择,通过"↑""↓"键设置数值。

各种模式中可调的参数范围均为1%~19%。在加速屏的自动触发测量中,仪器不断检测 N 值,当 N 值变化量 $\Delta N$ 大于等于触发参数时,仪器就启动一次加速采样过程。所以触发参数越小,触发越灵敏。可根据具体情况设置适当的参数。

设置密码的目的是防止用户无意中修改触发参数和防止非操作人员修改参数。

三种过滤模式的区别在于它们的滤波时间常数:不过滤为0,模式 A 为0.5s,模式 B 为1s。根据国标要求,一般用户应设置为模式 B。

(9)清除保存数据。

"清除保存数据"表示清除保存在仪器内部的测量数据。必须先输入密码。

在"功能选择"界面中(图12-16),当光标停留在"5. 清除保存数据"时,按下"OK",提示"输入密码:0",然后连续按"OK"7次,仪器提示"执行清除命令?",用户再按"OK",就会将保存的数据全部清除。清除过程耗时约10s。

(10)查看保存数据。

此处可以将测量屏中保存的数据显示出来,并进行打印。数据分页显示,一页显示30组数据,用"→ ←"翻页,用"↑↓"选择当前页中的记录。记录以车牌号和存储时间区分,最新的记录放在最后面。当选中当前记录后,按"OK"可显示详细记录内容,并可以进行打印。

(11)设置。

① 串口设置(图12-17)。按键功能:

"←"退出设置项;

"→"进入设置项;

"↑""↓"增减数值;

"OK"保存设置;

"ESC"放弃设置。

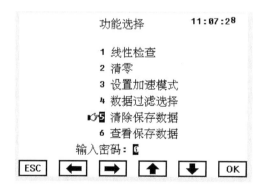
图12-16 功能选择菜单

图12-17 串口设置菜单

根据光标的指向,按"→"进入该项设置,设置项的内容反白显示用"↑""↓"来改变。

"1.协议"选项有"广东规范协议、佛分单机协议、佛分多机协议"。

"2.波特率"选项有"57600、19200、9600、4800"。

"3.地址"的设置范围是0-31,共32个地址。

"4.接口"选项有"RS232、RS485",表示仪器与上位机通讯所采用的通讯格式。

②时间设置(图12-18)。各按键和"串口设置"相同。其中"OK"表示保存设置并自动退出时间设置的界面:

←:保存设置;

→:位选择;

↑↓:增减数值;

OK:进入或者退出设置。

说明:一次性全部设置好当地时间,再保存。

③语言设置(图12-19)。本仪器提供中英文两种文字显示。进入语言设置后,选中所需语言,按下"OK"更改,自动退出本界面。

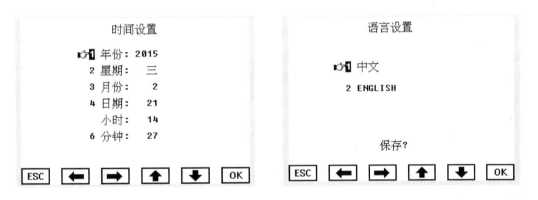

图12-18　时间设置菜单　　　　　　图12-19　语言设置菜单

④打印设置。此设置项主要针对内置打印机。如果配置的是 EPSON LQ300K 或者 TpuP-16,要在"打印机选择"选中 TpuP-16(图12-20)。

走纸功能是为了方便用户更换打印纸。建议先把打印纸剪成圆弧形,易于放进走纸机构,然后按下"OK",提示"正在走纸",这时将纸导进打印机,然后再按"OK",停止走纸,"正在走纸"的提示消失。

"M-150II 自检"用于检查打印机是否工作正常。当光标停留于该项,按下"OK"键,正常时将打印"0123456789abcdef"一行字符。

("保留2"暂时无作用)

图12-20　打印设置菜单

2)柴油车排气烟度测试

(1)取样探头逆气流固定于排气管内,并使其中心线与排气管轴线平行;

(2)将加速踏板开关引入汽车驾驶室;

(3)按图12-21所示的测量规程进行检测。先由急速工况将加速踏板踩到底,至4s时迅速松开,如此重复三次以便把排气管内的炭渣吹掉;

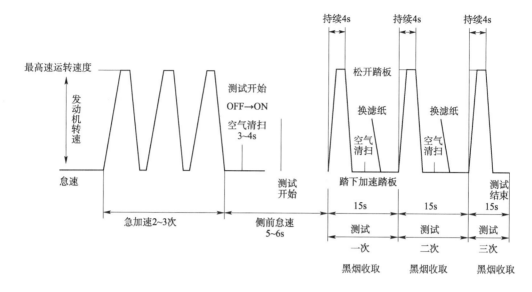

图 12-21 测量规程

(4) 然后怠速运转约 11s。在此期间内要用压缩空气清洗机构对取样软管和取样探头吹洗 3~4s 在把踏板开关固定在加速踏板上,按下述方法开始检测;

(5) 将加速踏板与踏板开关一并迅速踩到底,至 4s 时迅速松开加速踏板;

(6) 维持 11s。在此期间,用压缩空气清洗机构对取样软管和取样探头吹洗 3~4s;

(7) 下一次重新踩下加速踏板与踏板开关时,距前一次的时间间隔为 15s,如此重复三次;

(8) 三次读数的算术平均值,即为该工况下的排气烟度值。

## 三 学习拓展

烟度计的检定应按照《机动车安全检定技术条件第 5 部分:滤纸式烟度计检定技术条件》(GB/T 11798.5—2001)进行,主要包括以下内容。

### ❶ 检查外观及性能

(1) 烟度计应有清晰的铭牌,标有设备名称、型号、出厂编号、制造厂名和出厂日期。

(2) 各操纵件如开关、按钮及插座、接线端子等应有明显的文字或符号标志,符号标志应符合有关标准的规定;操纵件的操作应灵活可靠,无松动或卡滞等现象。

(3) 指针式显示仪表,表盘应清晰、指针能调零、回转应平稳、灵活,不应有卡滞、跳动现象;数字式显示仪表,不应有影响读数的缺陷。

(4) 采样探头、导管不得有破裂、漏气、堵塞现象。气泵、送纸装置、压缩空气清洁系统工作正常。

### ❷ 电气系统安全性

(1) 烟度计应有保护接地端子,该端子旁应有清晰接地标志。保护接地端子应通过专用的黄绿导线与保护接地点可靠连接。

(2)使用电网电源的仪器,电气系统安全性应符合国标中额定工作电压不超过500V的Ⅰ类安全仪器的规定。绝缘电阻值不小于5MΩ。

### ❸ 活塞式抽气泵性能参数

(1)抽气量:330±15mL;

(2)抽气动作时间:1.4±0.2s。

### ❹ 检定环境要求

(1)温度:0~40℃;

(2)相对湿度≤85%的稳定状态;

(3)电源电压:额定电压±10%;

(4)检定应在周围无影响测量的污染、振动、噪声和电磁干扰的环境下进行。

### ❺ 检定所需设备及要求

(1)绝缘电阻表(兆欧表)一个:量程不小于100MΩ,测量电压500V。

(2)标准烟度卡三张(烟度值 $R_b$ 分别约为3、5、7)。

(3)计量筒一个(500mL,刻度值5mL)。

(4)秒表一只(分度值0.1s)。

(5)固定支架一副。

(6)水盆一个。

(7)量具须经计量部门检定合格后并在有效期内使用。

## 四 评价与反馈

### ❶ 自我评价

(1)通过本学习任务的学习你是否已经知道以下问题:

①柴油车排放的主要污染物有哪些?

_____

②国家标准对柴油车排放要求是什么?

_____

(2)检测柴油车的排气烟度的操作过程中用到了哪些设备,在操作过程应注意哪些问题?

_____

(3)烟度计的操作流程有哪些?在维护烟度计时应进行哪些工作?

_____

(4)通过本学习任务的学习,你认为自己的知识和技能还有哪些欠缺?

_____

签名:_____ ____年___月___日

汽车检测设备的使用与维护

### ❷ 小组评价（表12-2）

小 组 评 价 表　　　　　　　　　　　表12-2

| 序号 | 评价项目 | 评价情况 |
|---|---|---|
| 1 | 着装是否符合要求 | |
| 2 | 是否能合理规范地使用仪器和设备 | |
| 3 | 是否按照安全和规范的流程操作 | |
| 4 | 是否遵守学习、实训场地的规章制度 | |
| 5 | 是否能保持学习、实训场地整洁 | |
| 6 | 团结协作情况 | |

参与评价的同学签名：_____　　_____年___月___日

### ❸ 教师评价

_____
_____

教师签名：_____　　_____年___月___日

## 五 技能考核标准

根据学生完成实训任务的情况对学习效果进行评价。技能考核标准见表12-3。

技能考核标准表　　　　　　　　　　　表12-3

| 序号 | 项目 | 操作内容 | 规定分 | 评分标准 | 得分 |
|---|---|---|---|---|---|
| 1 | 课前准备 | 个人工作服着装清洁整齐 | 5分 | 个人劳动保护有效得5分，否则扣1~5分 | |
| | | 课前分组集队整齐迅速 | 5分 | 课前分组集队整齐迅速得5分，否则扣1~5分 | |
| 2 | 烟度计的使用 | 正确固定取样探头 | 5分 | 能正确固定取样探头得5分，否则扣1~5分 | |
| | | 将踏板开关引入驾驶室 | 10分 | 将踏板开关引入驾驶室得10分，否则扣1~10分 | |
| | | 按测量规程进行检测，重复三次 | 10分 | 不按测量规程进行检测不得分，每少测量一次扣5分 | |
| | | 计算排气烟度值 | 10分 | 会计算烟度值得5分，否则扣1~10分 | |
| 3 | 烟度的维护 | 检测时正确安装取样头、导管等部分 | 10分 | 检测时正确安装取样头、导管等部分10分，否则扣1~10分 | |
| | | 正确放置测量装置与滤纸 | 10分 | 正确放置测量装置与滤纸可得10分，否则扣1~10分 | |
| | | 正确存放测量装置 | 10分 | 正确存放测量装置得10分，否则扣1~10分 | |
| | | 正确回收指示装置 | 10分 | 正确回收指示装置得10分，否则扣1~10分 | |
| | | 正确存放滤纸和标准烟样 | 10分 | 正确存放滤纸和标准烟样得10分，否则扣1~10分 | |
| 4 | 现场管理 | 整个操作过程现场布局、清理、清扫整齐 | 5分 | 现场管理整洁有序得5分，否则扣1~5分 | |
| | 总　　分 | | 100分 | 得　　分 | |

# 项目五　汽车环保性能检测设备的使用与维护

## 学习任务 13　废气分析仪的使用与维护

**学习目标**

⭐ 知识目标
1. 了解废气分析仪的检测参数；
2. 理解废气分析仪的结构原理；
3. 熟悉废气分析仪的检测参数的国家标准。

⭐ 技能目标
1. 能熟练使用废气分析仪进行废气检测；
2. 能对废气分析仪进行检查和调试。

**建议课时**

8 课时。

**任务描述**

现受交通管理部门委托，需要对市区 18 个重点汽车尾气监测控制点进行汽车尾气监测和抽查作业，根据检测站安排，需你前往第一监测点配合交通管理人员进行汽车尾气抽查检测作业。请正确使用废气分析仪，根据相关国家标准，完成好汽车尾气检测作业。

 **一　理论知识准备**

**1　汽车排气污染物的主要成分**

汽车废气由无毒废气和各种有害物质组成。

1）无毒废气

无毒废气包括氮气（$N_2$）、二氧化碳（$CO_2$）等。氮气是我们吸入的空气的一种成分。它不参与燃烧过程，是废气中含量最高的气体，大约为 71%。碳氧化合物中的碳在完全燃烧时生成二氧化碳。

2）有害物质

各种有害物质在废气中仅占极小的部分，但是他们对健康有害，包括一氧化碳（CO）、碳氢化合物（HC）、氮氧化合物（$NO_x$）、二氧化硫（$SO_2$）和颗粒物质（PM）等。

151

(1)一氧化碳(CO):一氧化碳的产生主要取决于混合比。在空气不足(浓混合气)时,一氧化碳(CO)的含量就会增加。当 $\lambda=1$ 或混合气较稀时,其含量则很小。

(2)碳氢化合物(HC):碳氢化合物是未燃烧的燃油成分,在空气不足($\lambda<1$)和空气过量($\lambda>1.2$)时产生。碳氢化合物(HC)会产生典型的尾气臭味、刺激感官并可致癌。

(3)氮氧化合物($NO_x$):氮氧化合物是氮气($N_2$)和氧气($O_2$)的化合物。发动机在燃烧过程中温度较高和氧气($O_2$)过量时会产生氮氧化合物($NO_x$)。氮氧化合物($NO_x$)与过量空气系数 $\lambda$ 的关系正好和碳氢化合物(HC)排放物相反。氮氧化合物($NO_x$)是一种无色气体,它能强烈刺激呼吸道并在浓度较高时导致人员出现麻痹现象。

(4)二氧化硫($SO_2$):二氧化硫在废气中的含量很低,主要在柴油发动机的废气中。它是一种无色、有刺激性气味的不可燃气体,可造成呼吸道疾病。

(5)颗粒物质(PM):颗粒物质是柴油在氧气($O_2$)不足的情况下燃烧产生的,在 $\lambda=1$ 时产生较多。它是一种致癌物质。

## 2 汽车排放污染物检测过程中的术语和定义

(1)一氧化碳(CO)体积浓度。排气中一氧化碳(CO)的体积分数即为一氧化碳(CO)体积浓度,以"$10^{-6}$(体积分数)"表示。

(2)碳氢化合物(HC)体积浓度。排气中碳氢化合物(HC)的体积分数即为碳氢化合物(HC)的体积浓度,以"$10^{-6}$(体积分数)"表示,体积分数值按正己烷当量。

(3)一氧化氮(NO)体积浓度。排气中一氧化氮(NO)的体积分数即为一氧化氮(NO)体积浓度,以"$10^{-6}$(体积分数)"表示。

(4)急速与高急速工况。急速工况指发动机无负载运转状态。即离合器处于接合位置、变速器处于空挡位置(对于自动变速器的车应处于"停车"或"P"挡位);高急速工况指用加速踏板将发动机转速稳定控制在50%额定转速或制造厂技术文件中规定的高急速转速时的工况。本标准中将轻型汽车的高急速转速规定为 $2500\pm100$ r/min,重型车的高急速转速规定为 $1800\pm100$ r/min;如有特殊规定的,按照制造厂技术文件中规定的高急速转速。

(5)过量空气系数($\lambda$)。燃烧1kg燃料的实际空气量与理论上所需空气量之质量比。

(6)不透光烟度计。用于连续测量汽车排气的光吸收系数的仪器。

(7)最高额定转速。调速器所允许的全负荷最高转速。

(8)最低额定转速。发动机下列三种转速中最高者:45%最高额定转速;1000r/min;急速控制器允许的最低转速或制造厂要求的更低转速。

(9)光吸收系数($k$)。表示光束被单位长度的排烟衰减的一个系数,它是单位体积的微粒数 $n$,微粒的平均投影面积 $a$ 和微粒的消光系数 $Q$ 三者的乘积。

(10)发动机最大转速。在进行本标准规定的测试试验中,加速踏板处于全开位置时测量得到的发动机最大转速。

(11)新生产汽车。指制造厂合格入库或出厂的汽车。

(12)在用汽车。指已经登记注册并取得号牌的汽车。

(13) 自由加速工况。在发动机怠速下,迅速但不猛烈地踏下加速踏板,使喷油泵供给最大油量。在发动机达到调速器允许的最大转速前,保持此位置。一旦达到最大转速,立即松开加速踏板,使发动机恢复至怠速。

(14) 自由加速滤纸式烟度。在自由加速工况下,从发动机排气管抽取规定长度的排气柱所含的碳烟,使规定面积的清洁滤纸染黑的程度,称为自由加速滤纸式烟度。

### ❸ 发动机污染物的减排措施

发动机污染物的减少可以通过采取降低油耗和净化废气两种措施来实现。降低油耗的措施有改进汽车车身设计,使其更符合空气动力学,减少空气阻力;采用轻金属材料来减轻汽车重量;改进混合气制备提高燃油经济性;优化发动机管理系统、废气再循环和燃油箱通风等装置。废气通过催化转化器和颗粒过滤器净化废气。

(1) 过量空气系统控制回路。

通过空气质量流量计、转速传感器、催化转化器前传感器以及各种发动机运行状态过量空气系数特性曲线之间持续的数据交换,可将喷射时间调整到保持空燃比 $\lambda = 1$ 的程度。如果通过闭合控制回路是燃油空气混合气始终保持在过量空气系数规定范围内,也就是 $\lambda > 1$ 的程度,催化转化器最多可将有害物质减少90%。

(2) 安装催化转化器。

催化转化器由一个带有许多纵向气道的陶瓷体组成。为了获得尽可能大的表面积,用中间层式的结构增大纵向气道的表面,并且表面带有贵金属镀层(铂、钯或铑),这些材料不参加化学反应,因此不会消耗。在催化转化器内发生两种化学反应,一种是将一氧化碳和碳氢化合物氧化为二氧化碳和水;一种是将氮氧化合物还原成氮气和氧气。

(3) 废气引入循环系统。

高温高压的燃烧室会产生氮氧化合物,将一定量的废气引入到气缸内,可以降低燃烧温度,从而减少氮氧化合物的排放。

(4) 燃油箱通风系统。汽油是一种易挥发的液体,在常温下燃油箱经常充满蒸气,燃油箱通风系统的作用是将蒸气引入燃烧并防止挥发到大气中。这个过程起重要作用的是活性炭罐储存装置,因为活性炭有吸附功能,当汽车运行或熄火时,燃油箱的汽油蒸气通过管路进入活性炭罐的上部,新鲜空气则从活性炭罐下部进入活性炭罐。发动机熄火后,汽油蒸气与新鲜空气在罐内混合并储存在活性炭罐中。当活性炭罐存满燃油蒸气时,在发动机运行期间通过发动机控制单元控制使电磁阀打开,让活性炭罐内的汽油蒸气被吸入进气歧管参加燃烧。

### ❹ 废气分析仪的分类及结构

(1) 废气分析仪的产品分类按照测量的排气种类可分为:

① 两组分汽车排气分析仪:检测并显示 CO、HC 两种成分的汽车排气分析仪。

② 四组分汽车排气分析仪:检测并显示 CO、HC、$CO_2$、$O_2$ 四种成分及参数 $\lambda$ 值的汽车排气分析仪。

③ 四组分汽车排气分析仪:检测并显示 CO、HC、$CO_2$、$O_2$、$NO_x$ 五种成分及参数 $\lambda$ 值的

汽车排气分析仪。

(2) 按准确度划分可分为0级、Ⅰ级和Ⅱ级分析仪。

(3) 汽车尾气分析仪的结构。

汽车尾气分析仪由排气取样系统、校准器入口、排气分析系统和排气口组成,如图13-1所示。

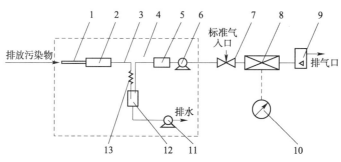

图13-1 分析仪结构示意图

1-取样探头;2、5-滤清器;3-取样导管;4-排气取样系统;6、11-泵;7-换向阀;8-排气分析系统;9-流量计;10-显示仪表;12-水分离器;13-滤网

排气取样系统是由取样探头、滤清器、取样导管、水分离器、气泵和流量计等组成。通过取样探头、取样导管和气泵从汽车排气管中收集取出排气污染物,经滤清器和水分离器除去排气污染物中的颗粒物和冷凝物后,送入气体分析系统。

### 5 与汽车排放污染物相关的国家标准

汽车排放是指从废气中排出的一氧化碳(CO)、碳氢化合物(HC)和氮氧化物($NO_x$)、微粒、碳烟(PM)等有害气体。为了抑制这些有害气体的产生,促使汽车生产厂家改进产品以降低这些有害气体的产生源头,欧洲和美国都制定了相关的汽车排放标准。其中欧洲标准是中国大陆借鉴的汽车排放标准。

(1) 汽车排放标准——欧洲标准。

欧洲汽车废气排放标准是欧盟国家为限制汽车废气排放污染物对环境造成的危害而共同采用的汽车废气排放标准。当前对几乎所有类型的车辆排放的氮氧化物($NO_x$)、碳氢化合物(HC)、一氧化碳(CO)和颗粒物质(PM)都有限制,比如小轿车、卡车、火车、拖拉机和类似机器、驳船,但不包括海轮和飞机。

对每一种车辆类型,汽车废气排放标准有所不同。欧洲标准是由欧洲经济委员会(ECE)的汽车废气排放法规和欧盟(EU)的汽车废气排放指令共同加以实现的。汽车废气排放法规由ECE参与国自愿认可,排放指令是EEC或EU参与国强制实施的。

在欧洲,汽车废气排放的标准一般每四年更新一次。在1992年实行了欧洲一号标准,从1996年开始实行了欧洲二号标准,从2000年开始实行了欧洲三号标准,从2005年开始实行了欧洲四号标准,从2009年起开始执行欧洲五号标准,从2013年开始执行欧洲六号标准。相对于美国和日本的汽车废气排放标准来说,测试要求比较宽泛,因此,欧洲标准也是发展中国家大都沿用的汽车废气排放体系。

(2) 汽车排放标准——中国标准。

世界汽车排放标准并立,分为欧洲、美国、日本标准体系。由于中国的轿车车型大多从欧洲引进生产技术,中国大体上采用欧洲标准体系,但两者仍存有一定的技术差异。中国国标是根据中国具体情况而制订的,其要求略低于欧洲标准。

与国外先进国家相比,中国汽车尾气排放法规起步较晚、水平较低,根据中国的实际情况,从20世纪80年代初期开始采取了先易后难分阶段实施的具体方案,其具体实施至今主要分为四个阶段。

第一阶段:1983年中国颁布了第一批机动车尾气污染控制排放标准,这一批标准的制订和实施,标志着中国汽车尾气法规从无到有,并逐步走向法制治理 汽车尾气污染的道路,在这批标准中,包括了《汽油车急速污染物排放标准》(GB 3842—1983)、《柴油车自由加速烟度排放标准》(GB 3843—1983)、《汽车柴油机全负荷烟度排放标准》(GB 3847—1983)三个限值标准和《汽油车急速污染物测量方法》、《柴油车自由加速烟度测量方法》、《汽车柴油机全负荷烟度测量方法》三个测量方法标准。

第二阶段:在1983年中国颁布第一批机动车尾气污染控制排放标准的基础上,中国在1989年至1993年又相继颁布了《轻型汽车排气污染物排放标准》(GB 14761.1—1993)、《车用汽油机排气污染物排放标准》(GB 14761.2—1993)两个限值标准和《轻型汽车排气污染物测量方法》《车用汽油机排气污染物测量方法》两个工况法测量方法标准。至此,中国已形成了一套较为完整的汽车尾气排放标准体系;值得一提的是,中国1993年颁布的《轻型汽车排气污染物测量方法》采用了ECE R15-04的测量方法,而测量限值《轻型汽车排气污染物排放标准》则采用了ECE R15-03限值标准,该限值标准只相当于欧洲20世纪70年代的水平(欧洲在1979年实施ECE R15-03标准)。

第三阶段:以北京市《轻型汽车排气污染物排放标准》(DB 11/105—1998)的出台和实施,拉开了中国新一轮尾气排放法规制订和实施的序曲。从1999年起北京市实施(DB 11/105—1998)地方法规,2000年起全国实施《汽车排放污染物限值及测试方法》(GB 14761—1999)(等效于91/441/1EEC标准)。同时《压燃式发动机和装用压燃式发动机的车辆排气污染物限值及测试方法》也制订出台;与此同时,北京、上海、福建等省市还参照ISO3929中双急速排放测量方法分别制订了《汽油车双急速污染物排放标准》地方法规,这一条例标准的制订和出台,使中国汽车尾气排放标准达到国外20世纪90年代初的水平。

第四阶段:2012年1月10日,中国环境保护部公布了实施国家第四阶段车用压燃式发动机与汽车污染物排放标准的时间表。《车用压燃式、气体燃料点燃式发动机与汽车排气污染物排放限值及测量方法》(GB 17691—2005)第四阶段排放限值(下称"国Ⅳ标准")将分步实施。

对在北京市,上海市销售和注册的,用于公交、环卫和邮政用途的装用压燃式发动机汽车,实施国Ⅳ标准,停止销售和注册登记不符合国Ⅳ标准要求的相关车辆。自2013年7月1日起,所有生产、进口、销售和注册登记的车用压燃式发动机与汽车必须符合国Ⅳ标准的要求。对于车用压燃式发动机与汽车,其国Ⅲ标准形式核准截止时间延长至2012年6月30日。

还未全面实施的第五阶段：2013年9月17日，中国环境保护部发布了国家第五阶段《轻型汽车污染物排放限值及测量方法》(GB 18352.5—2013)，即"国Ⅴ标准"，将于2018年1月1日起在全国实施。国Ⅴ标准排放控制水平相当于欧洲五号排放标准。从国Ⅰ提至国Ⅴ，每提高一次标准，单车污染物减少30%~50%。

目前，北京、广东、上海、南京等省市已经开始执行国Ⅴ标准(表13-1)。

**轻型汽车污染物排放限值(第五阶段)Ⅰ型试验排放限值**　　　　表13-1

| 类别、级别 | | 基准质量 $RM$ (kg) | 限　值 | | | | | | | | | | | |
|---|---|---|---|---|---|---|---|---|---|---|---|---|---|---|
| | | | CO | | THC | | NMHC | | NOx | | THC + NOx | | PM | | PN |
| | | | $L_1$ (g/km) | | $L_2$ (g/km) | | $L_3$ (g/km) | | $L_4$ (g/km) | | $L_2 + L_4$ (g/km) | | $L_5$ (g/km) | | $L_6$ (g/km) |
| 类别 | 级别 | | PI | CI | PI | CI | PI | CI | PI | CI | PI | CI | PI① | CI | PI | CI |
| 第一类车 | — | 全部 | 1.00 | 0.50 | 0.100 | — | 0.068 | — | 0.060 | 0.180 | — | 0.230 | 0.0045 | 0.0045 | — | $6.0 \times 10^{11}$ |
| 第二类车 | Ⅰ | $RM \leq$ 1305 | 1.00 | 0.50 | 0.100 | — | 0.068 | — | 0.060 | 0.180 | — | 0.230 | 0.0045 | 0.0045 | — | $6.0 \times 10^{11}$ |
| | Ⅱ | $1305 <$ $RM \leq$ 1760 | 1.81 | 0.63 | 0.130 | — | 0.090 | — | 0.075 | 0.235 | — | 0.295 | 0.0045 | 0.0045 | — | $6.0 \times 10^{11}$ |
| | Ⅲ | $1760 <$ $RM$ | 2.27 | 0.74 | 0.160 | — | 0.108 | — | 0.082 | 0.280 | — | 0.350 | 0.0045 | 0.0045 | — | $6.0 \times 10^{11}$ |

注：1. PI = 点燃式，CI = 压燃式；
　　2. ①仅适用于装缸内直喷发动机的汽车。

## 二　任务实施

### 1　准备工作

(1) 将实训车辆停放在维修区域，确认车辆工作信息，预热检测车辆，达到汽车使用说明书规定的热车状态。

(2) 准备好废气分析仪，并校准、自检、预热。

(3) 准备常用工具套件、车辆挡块、翼子板布、三件套等工具。

(4) 准备好常用故障诊断仪。

### 2　技术要求与注意事项

利用发动废气分析仪可以方便地检测出发动机的各废气成分比例，为发动机故障分析和性能调试提供了很好的参考作用，只要在检测过程中注意正确的操作方法，就能很好帮助进行故障分析及性能调试。

废气分析仪使用时的注意事项如下：

(1) 当气体滤清器和水滤清器中的滤芯被污染到难以通气或排气分析仪显示气路堵塞时，请整体更换气体滤清器和水滤清器。

(2)由于仪器在使用过程中会产生漂移,老化等因素.所以在使用一段时间后,需进行标准气校正。

(3)保持排气分析仪外表的清洁,不要接触含腐蚀性的溶剂,避免损伤排气分析仪的外表和进入排气分析仪内部造成损坏。

(4)保证所有进气管道的密封性,以免影响正确的测试结果。

(5)检查电源线有无损伤和接触不良的地方,如发现有接触不良和断线处,应更换新线。

(6)取样探头不用时要将其垂直吊挂起来,不要平放或倒置,以防止管内的积水腐蚀取样探头。

(7)排气分析仪不要放置在湿度大、温度变化大、振动大或放置位置倾斜大的地方。

### ❸ 使用汽车废气分析仪进行废气检测分析

1)确认车辆工作信息

(1)确认车辆进、排系统没有泄漏。

(2)确认车辆发动机、变速器和冷却系统等没有液体泄漏。

2)预热车辆

预热检测车辆,使冷却液温度和润滑油温度不低于80℃,或者达到汽车使用说明书规定的热车状态。

3)废气分析仪校准、自检

在测试功能主菜单下,选择"3.仪器校正"功能按钮,屏幕显示见图13-2所示。

**说明:** 由于仪器在使用过程中会产生漂移和老化等现象,所以建议在仪器正常使用一段时间后,或者测试时屏幕显示"传感器需校正"时,应用标准气体进行校准。标准气容器上标注的气体浓度值就是其校准值。

对废气分析仪进行泄漏检测,确认废气分析仪本身无泄漏。见图13-2中取样,选择"1.气路泄漏自检",并根据提示先堵塞取样探头,见图13-3。

图13-2 仪器校正

图13-3 气路泄漏自检

如气路密封性良好,则会提示:"气路密封良好,请去掉阻塞帽并返回";否则将会提示:"气路有泄漏,请关闭电源检查气路"。这时应关闭排气分析仪电源,详细检查整个气路部件及气路连接部分是否有泄漏,检查并处理后,重新进行气路泄漏自检操作,直至气路密封检查良好。

对废气分析仪进行校正,分别根据屏幕提示,对仪器进行三气传感器校正、$NO_x$ 传感器校正和 $O_2$ 传感器校正。

4) 对废气分析仪进行预热

连接好排气分析仪的电源后,打开排气分析仪后部的电源开关,此时系统启动,经过系统自检后进入主功能菜单,如图 13-4 所示。

选择"1.废气测试",如果排气分析仪还在预热校零阶段,屏幕将显示预热时间,如图 13-5 所示。预热完成后选择所测车辆点火方式。

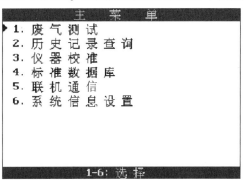

图 13-4　主菜单　　　　　　　　　　　　　图 13-5　预热屏

按数字键选择点火方式后,屏幕显示废气测试的三种测试方法,如图 13-6 所示。此处以安装单缸点火发动机的汽车进行指定工况测试为例予以说明。双怠速测试和加速模拟工况测试可以参考指定工况,根据屏幕提示进行。

5) 指定工况测试

在废气测试菜单中,选择"1.指定工况测试"功能,屏幕将提示输入车牌号。输入车号时,每个数字键对应几个英文字母,连续快速按键,依次出现不同的数字和字母,直到所需的字母出现后等待几秒,系统自动确认该字母。

输入车牌号后,可以选择测试结果显示的模式:1.数字显示;2.曲线显示;3.直方图显示,如图 13-7 所示。

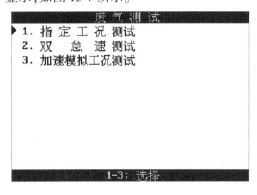 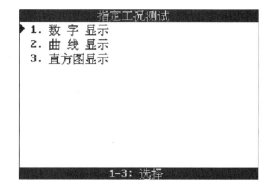

图 13-6　废气测试菜单选择屏　　　　　　　图 13-7　指定工况测试选择屏

选择"1.数字显示",屏幕显示如图 13-8 所示。五种气体、λ(空燃比)、发动机转速及机油温度的测试值分别显示在对应的方框内。按数字键"1"把当前测试结果保存下来,然后按

"ESC"键停止保存并显示保存记录。仪器自动保存最后100s的测试数据,1s一组数据。每页最多存储8条;按数字键"9"可以打印当前测试结果,按"ESC"键返回,如图13-9所示。

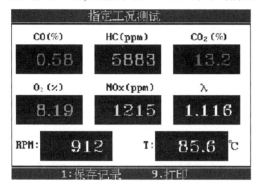

图13-8 指定工况测试显示屏　　　　　　　　图13-9 指定工况测试显示屏

6)双怠速测试

输入所测车辆的车牌号、怠速值、额定转速后、按"ENTER"键(图13-10),屏幕提示用户选择车辆类型,如图13-11所示。

图13-10 车辆信息输入屏　　　　　　　　　图13-11 车辆类型选择

按数字键选择所测车辆的类型后,屏幕提示用户选择车辆总质量和发动机冲程数,如图13-12、图13-13所示。

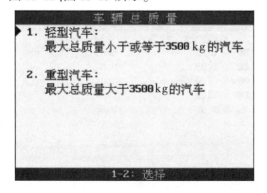

图13-12 车辆总质量　　　　　　　　　　　图13-13 车辆冲程数

按数字键选择所测车辆的发动机冲程数后,屏幕提示用户进行测量前的准备工作,如

图 13-14 所示。

完成准备工作后,按"ENTER"键继续,屏幕显示如图 13-15 所示。

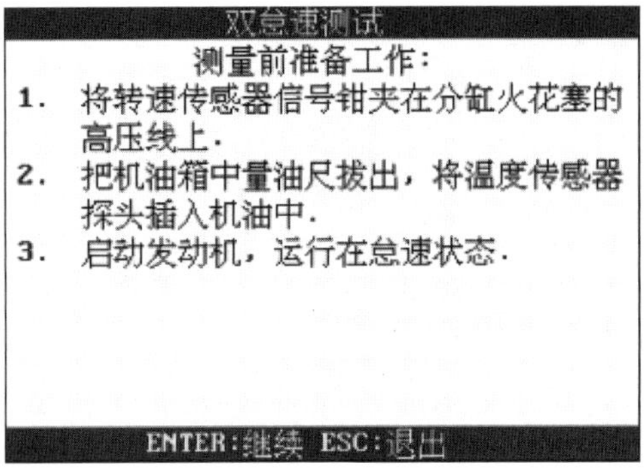

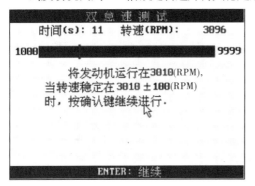

图 13-14 双怠速测试准备

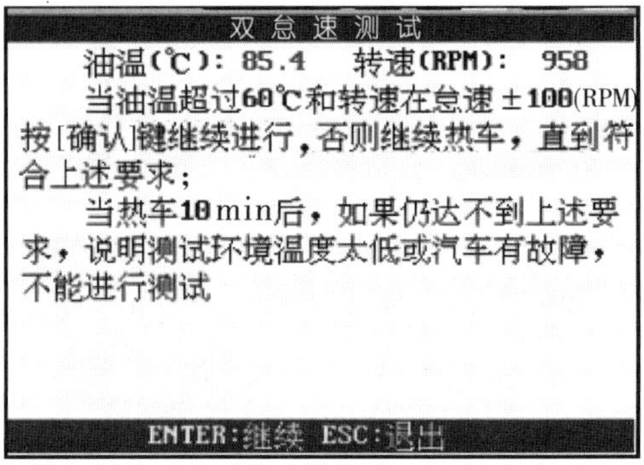

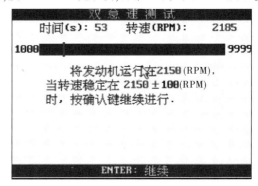

图 13-15 双怠速测试准备

当转速达到测试要求后,按"ENTER"键继续,屏幕显示如图 13-16 所示。

当发动机调到 0.7 倍额定转速并待其稳定后,按"ENTER"键继续,屏幕显示如图 13-17 所示。

图 13-16 双怠速测试

图 13-17 双怠速测试

当发动机转速调到 0.5 倍额定转速并待其稳定后,按"ENTER"键继续,屏幕显示如图 13-18 所示。

将发动机转速调到怠速值并待其稳定后,按"ENTER"键继续,屏幕显示双怠速测试结果,如图 13-19 所示。按数字 9 键打印结果,按"ESC"返回。

图 13-18 双怠速测试

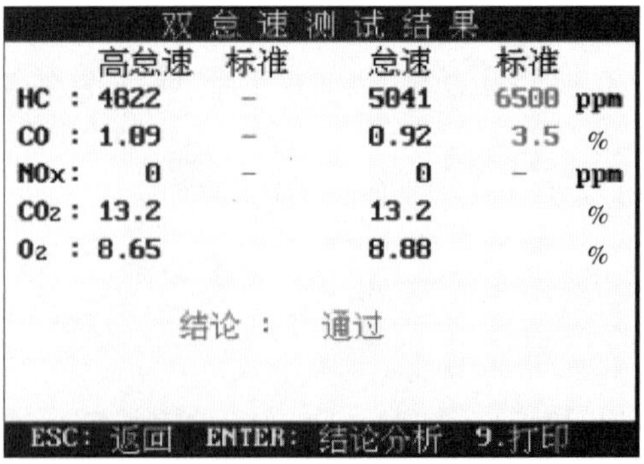

图 13-19 双怠速测试结果

7) 加速模拟工况测试

在废气测试功能菜单中,选择"3.加速模拟工况测试"功能,屏幕将提示输入车牌号,如图13-20所示。输入后按"ENTER"继续,继续选择车辆类型,如图13-21所示。

图13-20　车辆信息输入 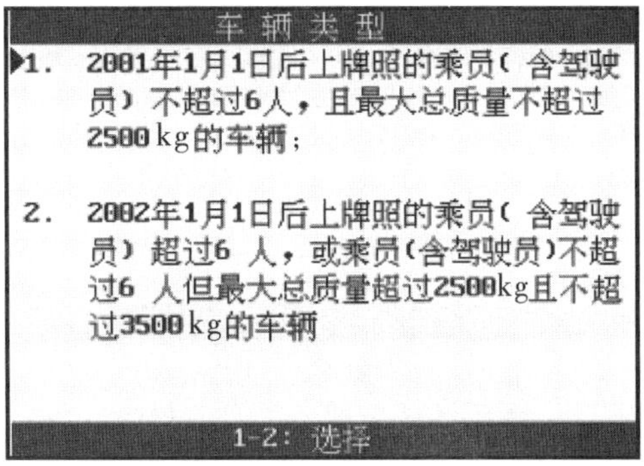　　　　　　　　　图13-21　车辆类型选择

选择车辆类型后,继续选择基准质量,如图13-22所示。

选择车辆基准质量后,屏幕提示用户进行测试准备工作,用户可以按"▲"、"▼"键进行翻页查看,见图13-23所示。

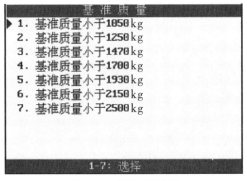

图13-22　基准质量选择 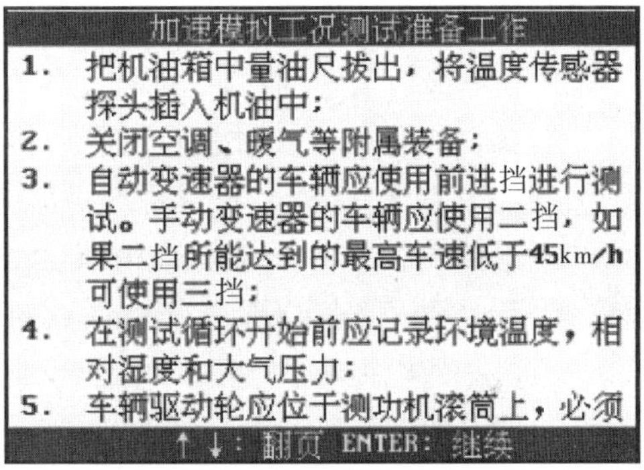　　　　　　　　　图13-23　加速模拟工况测试准备

完成测试准备工作后,按"ENTER"键,屏幕提示测试方法,如图13-24所示。

当车速稳定在25km/h,按"ENTER"键,VEA-501完成ASM5025测试,如果测试合格,则屏幕将显示测试结果,测试结束;如果测试不合格,将进行ASM2540工况测试,屏幕显示如图13-25所示。

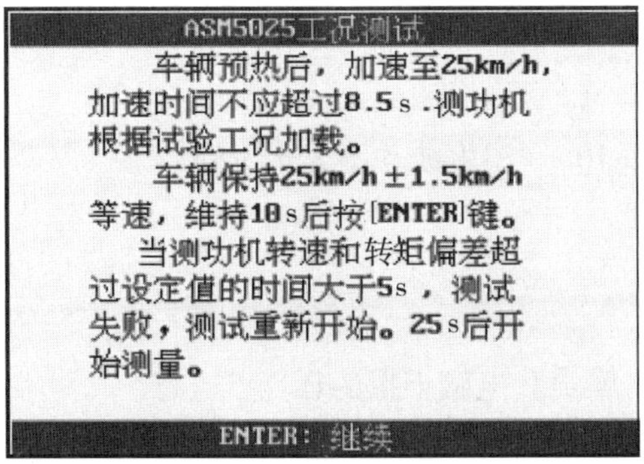

图13-24　ASM5025工况测试 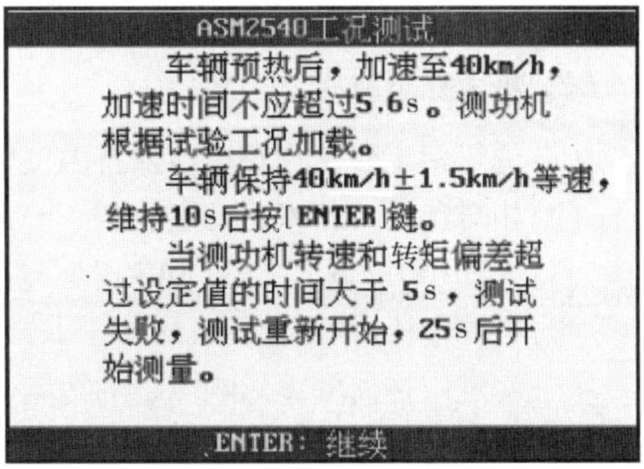　　　　　　图13-25　ASM2540工况测试

图 13-26　加速模拟工况测试结果

当车速稳定在40km/h后,按"ENTER"键继续,VEA-501完成ASM2540测试,如果测试合格,屏幕显示测试结果,测试结束;如果测试不合格,将重新进行ASM5025和ASM2540工况测试,第二次也必须两个工况测试结果合格,任何一工况测试不合格,VEA-501都将会结束测试,并判定测试结果不合格,如图13-26所示。

按数字键"9"打印测试结果,按"ESC"返回。

## 三　学习拓展(废气分析仪的检定)

废气分析仪的检定应按照《机动车安全检定技术条件第3部分:汽车排气分析仪检定技术条件》(GB/T 11798.3—2001)进行,主要包括以下内容。

### ❶ 检查外观及性能

(1)仪器应有清晰的铭牌,标有设备名称、型号、出厂编号、制造厂名和出厂日期。

(2)各操纵件如开关、按钮及插座、接线端子等应有明显的文字或符号标识,符号标识应符合有关标准的规定;操纵件的操作应灵活可靠,无松动或卡滞等现象。

(3)指针式显示仪表,表盘应清晰、指针能调零,回转应平稳、灵活,不应有卡滞、跳动现象;数字式显示仪表,不应有影响读数的缺陷。

(4)仪器通电预热后,各指示器能正常工作,数字显示器应显示清晰。

(5)仪器的各调节器能正常调节,零点及量矩调节应有一定余量。

(6)仪器或仪器说明书中必须标明有至少两位有效数字的(正乙烷、丙烷)转换系数。

### ❷ 电气系统安全性

(1)仪器应有保护接地端子,该端子旁应有清晰接地标志。保护接地端子应通过专用的黄绿导线与保护接地点可靠连接。

(2)使用电网电源的仪器,电气系统安全性应符合国标中额定工作电压不超过500V的Ⅰ类安全仪器的规定。绝缘电阻值不小于5MΩ。

### ❸ 检定环境要求

(1)进行检定时工作环境应保持温度为20±10℃(温度波动不大于±5℃)。

(2)相对湿度≤85%的稳定状态。

(3)大气压力:86.0~106.0kPa。

(4)电源电压:额定电压±10%。

(5)检定应在周围无影响测量的污染、振动、噪声和电磁干扰的环境下进行。

### ❹ 检定所需设备及要求

(1)标准气体。检定用标准气体必须是由国家标准化行政管理机关认可的相关单位提供的标准物资,其不确定度不大于2%,背景气 $N_2$。浓度范围要求见表13-2。

**检定用标准气体浓度范围要求** 表13-2

| 组别<br>组分 | 1组 | 2组 | 3组 | 4组 |
|---|---|---|---|---|
| CO(%) | 0.4~0.6 | 1.2~1.8 | 3.15~3.85 | 4.5~5.5 |
| $C_3H_8$($\times 10^{-6}$) | — | 640~960 | 2880~3520 | 5760~7040 |
| $CO_2$(%) | 3.6~4.4 | 7.2~8.8 | 9.9~12.1 | 14.4~17.6 |
| $O_2$(%) | 3.6~4.4 | 9~11 | — | — |

注:表中气体除$O_2$为单组分外,其余可以是单组分、双组分或多组分混合气。

(2)氮气:浓度大于99.99%(体积分数)。

(3)量矩气的选用:采用与产品说明书规定的标定点浓度接近的一组标准气作为量矩气。

(4)碳氢化合物浓度=丙烷浓度×(正己烷/丙烷)转换系数。

(5)检定用设备。绝缘电阻表(500V兆欧表,量程大于100MΩ)一个。

(6)仪器示值误差不超过表13-3规定。

**仪器示值误差范围要求** 表13-3

| 组分<br>误差 | 一氧化碳 | 碳氢化合物 | 二氧化碳 | 氧气 |
|---|---|---|---|---|
| $a$ | ±0.2% | ±30×$10^{-6}$ | ±1% | ±0.5% |
| $b$ | ±10% | ±10% | ±10% | ±10% |

注:$a$—绝对误差;$b$—相对误差。检定时满足$a$或$b$中任何一项即为合格。

(7)重复性误差。重复性误差为相对标准偏差$C_v$不超过2%。

## 四 评价与反馈

### 1 自我评价

(1)通过本学习任务的学习你是否已经知道以下问题:

①汽油车排放的主要污染物有哪些?

②国家标准对汽油车排要求是什么?

(2)进行汽油车的排气分析操作过程中用到了哪些设备,在操作过程应注意哪些问题?

(3)废气分析仪的操作流程有哪些? 在维护废气分析仪时应进行哪些工作?

(4)通过本任务的学习,你认为自己的知识和技能还有哪些欠缺?

签名:_____ _____年___月___日

### ❷ 小组评价（表13-4）

小组评价表　　　　　　　　　　　表13-4

| 序号 | 评价项目 | 评价情况 |
|---|---|---|
| 1 | 着装是否符合要求 | |
| 2 | 是否能合理规范地使用仪器和设备 | |
| 3 | 是否按照安全和规范的流程操作 | |
| 4 | 是否遵守学习、实训场地的规章制度 | |
| 5 | 是否能保持学习、实训场地整洁 | |
| 6 | 团结协作情况 | |

参与评价的同学签名：_____　　　_____年___月___日

### ❸ 教师评价

_____

教师签名：_____　　　_____年___月___日

## 五 技能考核标准

根据学生完成实训任务的情况对学习效果进行评价，技能考核标准见表13-5。

技能考核标准表　　　　　　　　　　　表13-5

| 序号 | 项目 | 操作内容 | 规定分 | 评分标准 | 得分 |
|---|---|---|---|---|---|
| 1 | 课前准备 | 个人工作服着装清洁整齐 | 5分 | 个人劳动保护有效得5分，否则扣1~5分 | |
| | | 课前分组集队整齐迅速 | 5分 | 课前分组集队整齐迅速得5分，否则扣1~5分 | |
| 2 | 废气分析仪的使用 | 根据提示进行指定工况测试 | 10分 | 进行指定工况测试得10分，否则扣1~10分 | |
| | | 根据提示进行双怠速测试 | 10分 | 进行双怠速测试得10分，否则扣1~10分 | |
| | | 根据提示进行加速模拟工况测试 | 10分 | 进行加速模拟工况测试得10分，否则扣1~10分 | |
| | | 打印测试结果 | 10分 | 能打印测试结果的10分，否则扣1~10分 | |
| | | 能正确读取检测参数，并填写到对应检测表格 | 15分 | 能正确处理检测数据得15分，否则扣1~15分 | |
| 3 | 废气分析仪的维护 | 检查气、水滤清器 | 10分 | 正确检查气路并能更换气体滤清器和水滤清器得10分，否则扣1~10分 | |
| | | 检查电源线损伤和接触不良情况 | 10分 | 正确检查电源线10分，否则扣1~10分 | |
| | | 排气分析仪正确存放 | 10分 | 排气分析仪放置正确得10分，否则扣1~10分 | |
| 4 | 现场管理 | 整个操作过程现场布局、清理、清扫整理 | 5分 | 现场管理整洁有序得5分，否则扣1~5分 | |
| | 总　　分 | | 100分 | 得　　分 | |

# 项目五 汽车环保性能检测设备的使用与维护

## 学习任务 14  声级计的使用与维护

**学习目标**

★ 知识目标
1. 了解声音的基本知识；
2. 理解声级计的结构原理；
3. 熟悉国标对汽车噪声的要求。

★ 技能目标
1. 会熟练运用声级计进行汽车噪声检测；
2. 会对声级计进行检查和维护。

**建议课时**

4课时。

## 任务描述

现受交通管理部门委托,需要对市区18个重点汽车噪声监测控制点进行噪声监测和汽车噪声抽查,根据检测站安排,需你前往第一监测点配合交通管理人员进行汽车噪声抽查检测作业。请正确使用声级计,根据相关标准,完成好汽车噪声检测作业。

### 一、理论知识准备

（一）声音的基本知识

**1 声波**

当声源振动时,声音以波的形式在介质(气体、液体或固体)中传播,即形成声波。

**2 声音的频率**

声音其实是经媒介传递的快速压力变化。当声音于空气中传递,大气压力会循环变化。每一秒内压力变化的次数称为频率,量度单位是赫兹(Hz),其定义为每秒的周期数目。击鼓产生的频率远较吹哨子产生的频率低。频率越高,声音的音调越高。声音按照频率的范围划分为高中低等,具体划分见表14-1。

声音按照频率的范围划分　　　　　　　　　　　　表 14-1

| 名　　称 | 频率（Hz） | 声　音　来　源 |
|---|---|---|
| 极低频 | 20～40 | 低音巴松管、土巴号、管风琴 |
| 低频 | 40～80 | 大提琴、低音巴松管 |
| 中低频 | 80～160 | 定音鼓与男低音 |
| 中频 | 160～1280 | 所有乐器、人声 |
| 中高频 | 1280～2560 | 长笛、单簧管 |
| 高频 | 2560～5120 | 钢琴、短笛高音 |
| 极高频 | 5120～20000 | 喇叭 |

### ❸ 声压与声压级

声压与声压级是表示声音强弱的最基本参数。

声压是指声波通过某种媒质时，由振动所产生的压强改变量(Pa)。声压远小于大气压，声压越大，声音也越大，具体见表 14-2。

常见声音声压与声压级　　　　　　　　　　　　表 14-2

| 声源（或环境） | 声压（Pa） | A 声级（dB） |
|---|---|---|
| 静夜、安静住宅 | $2\times10^{-4}\sim2\times10^{-3}$ | 20～40 |
| 办公室内、家用电冰箱 | 0.002～0.02 | 40～60 |
| 普通谈话声、家用洗衣机 | 0.02～0.07 | 60～70 |
| 城市街道两侧、小轿车 | 0.07～0.2 | 70～80 |
| 普通车床、重型汽车 | 0.2～0.7 | 80～90 |
| 汽油机、中小型柴油机、鼓风机 | 0.7～7 | 90～110 |
| 大型柴油机、进排气噪声 | 7～70 | 110～130 |
| 喷气式飞机、大炮 | 70～700 | 130～150 |

声压级是声音的实际评价指标之一，由于声压范围很大，而且人耳实际听到的声音大小并不与声压成比例，而是成对数比例关系。所以采用分贝来表达声学量值。

所谓分贝是指两个相同的物理量(例 $A_1$ 和 $A_0$)之比取以 10 为底的对数并乘以 10(或 20)。

$$N = 10\lg\frac{A_1}{A_0}$$

分贝符号为"dB"，它是无量纲的。式中 $A_0$ 是基准量(或参考量)，$A_1$ 是被量度量。被量度量和基准量之比取对数，这对数值称为被量度量的"级"。亦即用对数标度时，所得到的是比值，它代表被量度量比基准量高出多少"级"。

### ❹ 人耳的听觉特性

人耳对不同频率的声音的敏感度是不同的，频率在 2500～3000Hz 范围内的声音，人类耳朵反映最灵敏，而对低频率的声音，敏感度则较低，模拟人耳生理反应的听觉响应特性，设计了 A、B、C 三种"频率计权"网络，根据所使用的计权网不同，分别称为 A 声级、B 声级和 C 声级，单位记作 dB(A)、dB(B) 和 dB(C)。

### 5 国家标准对汽车噪声的要求

根据国标《机动车安全运行技术条件》(GB 7258—2012)、《营运车辆综合性能要求和检验方法》(GB 18565—2001)和《汽车驾驶行驶车外噪声限值及测量方法》(GB 1495—2002)的规定,汽车噪声检测应使用声级计进行测量,检测方法分为车外检测法和车内检测法,此外还需要对车辆喇叭的噪声进行检测,其检测标准如下。

(1)汽车加速行驶车外噪声极限值:汽车加速行驶车外噪声极限值见表14-3。

汽车加速行驶车外噪声限值　　　　　　　　　　　表14-3

| 汽车分类 | 噪声限值 dB(A) | |
|---|---|---|
| | 第一阶段<br>2002.10.1~2004.12.30 期间生产的汽车 | 第二阶段<br>2005.1.1 以后生产的汽车 |
| $M_1$ | 77 | 74 |
| $M_2$($GVM \leq 3.50t$),或 $N_1$($GVM \leq 3.50t$):<br>$GVM \leq 2t$<br>$2t < GVM \leq 3.5t$ | 78<br>79 | 76<br>77 |
| $M_2$($3.5t < GVM \leq 5t$),或 $M_3$($GVM > 5t$):<br>$P < 150kW$<br>$P \geq 150kW$ | 82<br>85 | 80<br>83 |
| $N_2$($3.5t < GVM \leq 12t$),或 $N_3$($GVM > 12t$):<br>$P < 75kW$<br>$75kW \leq P < 150kW$<br>$P \geq 150kW$ | 83<br>86<br>88 | 81<br>83<br>84 |

说明:1. $M_1$,$M_2$($GVM \leq 3.5t$)和 $N_1$ 类汽车装用直喷式柴油机时,其限值增加 1dB(A);

　　　2. 对于越野汽车,其 $GVM > 2t$ 时:如果 $P < 150kW$,其限值增加 1dB(A);如果 $P \geq 150kW$,其限值增加 2dB(A);

　　　3. $M_1$ 类汽车,若其变速器前进挡多于四个,$P > 140kW$,$P/GVM$ 大于 75kW/t,并且用第三挡测试时其尾端出线的速度大于 61km/h,则其阻值增加 1dB(A)。

注:$GVM$——最大总质量;$P$——最大功率。

(2)营运客车车内噪声声级应不大于 82dB(A),中级以上营运客车车内噪声声级应不大于 79dB(A)。汽车驾驶员耳旁噪声声级应不大于 86dB(A)。

(3)汽车喇叭应具备连续发声功能,喇叭声级在距车前 2m、离地高 1.2m 处测量时,汽车喇叭噪声在 90~115 dB(A)。

### (二)声级计结构原理

声级计是一种能把工业噪声、生活噪声和汽车发出的噪声和喇叭声音的响度,按人耳听觉近似值测定出来的仪器,常见声级计如图14-1所示,声级计所测数据位经过听感修正后的声压级(dB)。

声级计一般由传声器、放大器、衰减器、计权网络、检波电路、指示仪表和电源等组成。

图 14-1　声级计

图 14-2 为声级计结构原理框图。

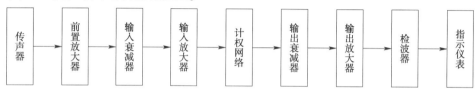

图 14-2　声级计结构原理框图

声级计的工作原理是由传声器将声音转换成电信号,再由前置放大器变换阻抗,使传声器与衰减器匹配。放大器将输出信号加到计权网络,对信号进行频率计权(或外接滤波器),然后再经衰减器及放大器将信号放大到一定的幅值,送到有效值检波器(或外按电平记录仪),在指示表头上给出噪声声级的数值。

### 1 传声器

传声器是把声压信号转变为电压信号的装置,也称之为话筒,它是声级计的传感器。常见的传声器有晶体式、驻极体式、动圈式和电容式数种。

电容式传声器主要由金属膜片和靠得很近的金属电极组成,实质上是一个平板电容。金属膜片与金属电极构成了平板电容的两个极板,当膜片受到声压作用时,膜片便发生变形,使两个极板之间的距离发生了变化,于是改变了电容量,位测量电路中的电压也发生了变化,实现了将声压信号转变为电压信号的作用。电容式传声器是声学测量中比较理想的传声器,具有动态范围大、频率响应平直、灵敏度高和在一般测量环境下稳定性好等优点,因而应用广泛。

### 2 放大器

一般采用两级放大器,即输入放大器和输出放大器,其作用是将微弱的电信号放大。输入衰减器和输出衰减器是用来改变输入信号的衰减量和输出信号衰减量的,以便使表头指针指在适当的位置。输入放大器使用的衰减器调节范围为测量低端,输出放大器使用的衰减器调节范围为测量高端。许多声级计的高低端以 70dB 为界限。

### 3 计权网络

为了模拟人耳听觉在不同频率有不同的灵敏性,在声级计内设有一种能够模拟人耳的听觉特性,把电信号修正为与听感近似值的网络,这种网络叫作计权网络。通过计权网络测得的声压级,已不再是客观物理量的声压级(叫线性声压级),而是经过听感修正的声压级,叫作计权声级或噪声级。

根据所使用的计权网不同,分别称为A声级、B声级和C声级,单位记作dB(A)、dB(B)和dB(C)。A计权声级是模拟人耳对55dB以下低强度噪声的频率特性,B计权声级是模拟55~85dB的中等强度噪声的频率特性,C计权声级是模拟高强度噪声的频率特性。三者的主要差别是对噪声低频成分的衰减程度,A衰减最多,B次之,C最少。A计权声级由于其特性曲线接近于人耳的听感特性,因此是目前世界上噪声测量中应用最广泛的一种,许多与噪声有关的国家规范都是按A声级作为指标的。

**④ 检波器和显示屏**

检波器作用是把迅速变化的电压信号转变成变化较慢的直流电压信号。这个直流电压的大小要正比于输入信号的大小。根据测量的需要,检波器有峰值检波器、平均值检波器和均方根值检波器之分。峰值检波器能给出一定时间间隔中的最大值,平均值检波器能在一定时间间隔中测量其绝对平均值。脉冲声需要测量它的峰值外,在多数的噪声测量中均是采用均方根值检波器。均方根值检波器能对交流信号进行平方、平均和开方,得出电压的均方根值,最后将均方根电压信号输送到指示仪表。

## 二 任务实施

**① 准备工作**

(1)打开仪表背面的电池盖,装上一枚9V电池于电池盒内,并且注意极性,切勿接反。

(2)当电池老化时,LCD会显示"BT"符号,表示此电池不能使用,必须更换一个新电池。

(3)打开电源开关并预热10min。

(4)对仪器进行校准。每次测量前或使用一段时间后,必须对仪器的电路和传声器进行校准。量测前可先选择CAL94dB开关,可校验放大器的工作是否正常。如不正常,应调节微调电位器。

(5)要读取即时的噪声量,请选择"RESPONSE"(反应速率)挡位的F开关,想获得当时的平均噪声量则选择S(SLOW)慢速开关。如果要取得噪声量的最大值可选择MAX HOLD,即可读到最大噪声量数值。

(6)要测量以人为感受的噪声量,请选择FUNCT(功能)的A加权,如要测量机器所发出的噪声则选择C加权。

声级计的使用以TES1350A型声级计为例。其功能如图14-3和图14-4所示。

显示屏上"188.8"为噪声显示值,清晰度为0.1,"dB"为噪声单位,"MAX HOLD"最大读数锁定值,"OVER"过载指示。

控制开关主要有"RANGE"(电源和挡位选择),"RESPONSE"(反应速率)和"FUNT"(功能)三种挡位,"RANGE"(电源和挡位选择)挡位包含"Lo"(35dB~100dB)、Hi(65~130dB)和"POWEROFF"(电源开关)三个开关;"RESPONSE"(反应速率)挡位含"S"(慢速)、"F"(快速)和"MAXHOLD"(最大锁定)三个开关,"FUNT"(功能)挡位含"A"(A计权声级)"C"(C计权声级)"CAL 94dB"(94dB校正信号)。

图 14-3  TES1350A 型声级计显示屏　　图 14-4  TES1350A 型声级计操作面板

### 2 技术要求与注意事项

(1)检测时要避免声级计受反射音、大风和电磁波的影响。
(2)声级计要避免受振动和冲击。
(3)不能在潮湿、高温和阳光直射的地方使用。
(4)长期不使用应取下电池,以免漏液损坏声级计。
(5)声级计每年要接受有关部门的验定。

### 3 操作步骤

1)车外噪声的测量

车外噪声的测量可分为加速行驶车外噪声的测量与匀速行驶车外噪声的测量两种。

(1)测量场地要求。测量场地如图 14-5 所示。

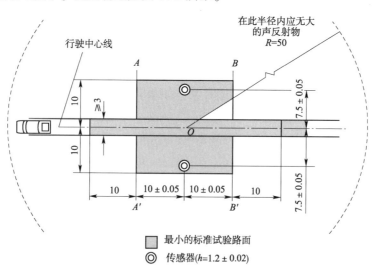

图 14-5  汽车噪声测量场地(尺寸单位:m)

①测量场地应平坦而空旷,在测试中心以 50m 为半径的范围内,不应有大的建筑物、围墙等的反射物。

②测试场地跑道应有 20m 以上的平直、干燥的沥青路面或混凝土路面,路面坡度不超过 0.5%。

③本底噪声是指测量对象噪声不存在时,周围环境的噪声。因此,在测量时噪声包括风在内的本底噪声应比所测车辆噪声至少低 10dB,并保证测量不被偶然的其他声源干扰。

④为避免风噪声干扰,可采用防风罩,但应注意防风罩对声级计灵敏度的影响。

⑤声级计附近除测量者之外,不应有其他人员,如确系必不可少的人员,则应站在测量者的背后。

⑥被测车辆不载重。测量时发动机应处于正常使用温度,车辆带有的其他辅助设备都是噪声源,测量时是否开动,应按正常使用情况而定。

⑦图中的测试话筒应位于 20m 跑道中心 $O$ 点两侧,各距中心线 7.5m,距地面高度 1.2m,并用三脚架固定,话筒平行于路面,其轴线垂直于车辆行驶方向。

(2)加速行驶车外噪声的测量。

①车辆应按下列规定条件稳定地到达始端线:

a. 行驶挡位:前进挡位为 4 挡以上的车辆用第 3 挡,前进挡位为 4 挡或 4 挡以下的用第 2 挡。

b. 发动机转速为发动机标定转速的 3/4。如果此时车速超过了 50km/h,则车辆应以 50km/h 的车速稳定地到达始端线。

②从车辆前端到达始端线开始,立即将加速踏板踩到底或节流阀全开,直线加速行驶,当车辆后端到终端线时,立即停止加速。

测量加速行驶噪声时,要求被测车辆在后半区域发动机转速达到其标定转速。如果达不到这个要求,车辆使用挡位要降低一挡。如果车辆在后半区域超过标定转速,可适当降低车辆前端到达始端线时的发动机转速。

③声级计用"A"计权网络"快"挡进行测量,读取车辆驶过时的声级计表头最大读数。

④同样的测量往返各进行一次。车辆同侧两次测量结果之差不应大于 2dB。四次测量结果的平均值作为被测车辆的最大噪声级。

(3)匀速车外噪声的测量。

①车辆用常用挡位,加速踏板保持稳定,以 50km/h 的车速匀速通过测量区域。

②声级计用"A"计权网络"快"挡进行测量,读取车辆驶过时声级计表头的最大读数。

③同样的测量往返各进行一次,车辆同侧两次测量结果之差不应大于 2dB。四次测量值的平均值即为该车的匀速车外噪声。

2)车内噪声的测量

(1)车内噪声测量条件。

①测量跑道应有足够试验需要的长度,应是平直、干燥的沥青路面或混凝土路面。

②测量时风速(指相对于地面)应不大于 3m/s。

③测量时车辆门窗应关闭。汽车空载,处于静止状态且置变速器于空挡,发动机应处

于额定转速状态,车内带有的其他辅助设备是噪声源,测量时是否开动,应按正常使用情况而定。

④车内本底噪声比所测车内噪声至少低 10dB(A),并保证车辆在测量过程中不被其他声源所干扰。

⑤车内除驾驶员和测量人员外,不应有其他人员。

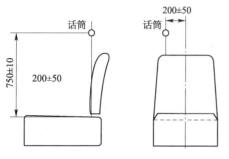

图 14-6 驾驶室车内噪声测点位置(尺寸单位:mm)

(2)车内噪声测点位置。

①车内噪声测量通常在人耳附近布置测点,话筒朝车辆前进方向,如图 14-6 所示。

②载客车室内噪声测点可选在车厢中部及最后排座的中间位置。

(3)测量方法。

①车辆以常用挡位 50km/h 以上不同车速匀速行驶,分别进行测量。

②用声级计"慢"挡测量 A、C 计权声级,分别读取表头指针最大读数的平均值。

③进行车内噪声频谱分析时,应按中心频率为 31.5、63、125、250、500、1000、2000、4000、8000Hz 的倍频带,依次测量各中心频率下的噪声级。

3)喇叭噪声的测量

(1)将声级计置于车前 2m、离地高 1.2m 处,且传声器指向被检车辆驾驶员位置,如图 14-7 所示。

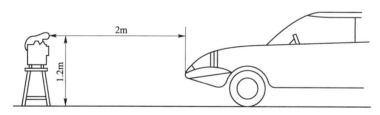

图 14-7 喇叭噪声的测量

(2)按使用说明书要求,调整网络开关到"A"级计权和快挡位置。

(3)检测环境本底噪声应 <80dB(A)。

(4)按喇叭连续发声 3s 以上,读取检测数据。

## 三 学习拓展

声级计检定的内容根据《声级计检定规程》(JJG 188—2002)制定。

### 1 检定条件

(1)声校准器的准确度等级应符合《声校准器检定规程》(JJG 176—2005)中规定的 0 级或Ⅰ级。

(2)标准电容传声器:在检定频率上,传声器灵敏度级标准的测量扩展不确定度应优于 0.3dB($k=3$)。

(3)正弦信号发生器:正弦信号发生器的频率范围为 10~20kHz,频率误差应优于±0.25%。输出信号谐波失真小于 0.1%,检定期间的幅值稳定度应优于 ±0.02dB。

(4)测量放大器:测量放大器的频率范围为 10Hz~20kHz,频率响应应优于 ±0.2dB。

(5)猝发音信号发生器:猝发音信号的误差应优于 ±1%。

(6)精度衰减器:在使用量程范围内的衰减度应优于 ±0.05 dB。

(7)交直流电压表:交直流电压表的最大允差应优于 ±0.05%。

(8)声源:声源的频率范围 500Hz~20kHz,其所需的声压级上的谐波失真小于 3%。

(9)气压计:在检定环境内,气压计的最大允差应优于 ±0.2kPa。

(10)温度计:在检定环境内,温度计的最大允差应优于 ±0.2℃。

(11)湿度计:在检定条件内,湿度计的最大允差应优于 ±4%。

### ❷ 检定环境条件

(1)温度 20~26℃;

(2)相对湿度 30%~90%;

(3)气压 97~103kPa。

**注**:当检测实验室所处位置的气压不能满足上述条件时,须提供修正方法,其实测量扩展不确定度不应超过相关电声性能检定条款中给出的最大允许的测量扩展不确定度。

### ❸ 参考环境条件

(1)温度 23℃;

(2)相对湿度 50%;

(3)气压 101.325kPa。

### ❹ 以声级计音位校正器现场检定

(1)声级计音位校正器状态设定:将 RANGE(电源和挡位选择)挡调至 Hi 挡位,RESPONSE(反应速率)挡位调至 F(快速)挡位,FUNCT(功能)挡调至 CAL94dB 挡位,显示器将显示 94.0dB,如数值不对,需调整校正调整旋钮,直至数值为 94.0dB(图 14-8)。

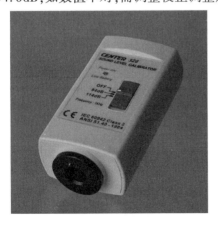 

图 14-8 声级计音位校正器及音位校正器操作

汽车检测设备的使用与维护

(2)将麦克风头小心插入音位校正器1/2英寸的空内。

(3)打开音位校正器的电源开关,使用调整棒旋位于声级计面板的CAL旋钮,使LCD显示读值与音位校正器指示值一致。

(4)建议每年校正一次。

## 四 评价与反馈

### ❶ 自我评价

(1)通过本学习任务的学习你是否已经知道以下问题：

①声级计进行车辆的噪声性能试验时,要对车辆的哪些部分检测？

②检测车辆的噪声的操作过程中用到了哪些设备,在操作过程应注意哪些问题？

(2)声级计的操作流程有哪些？

(3)声级计在维护时应进行哪些工作？

(4)通过本学习任务的学习,你认为自己的知识和技能还有哪些欠缺？

签名：＿＿＿＿＿＿＿＿　　＿＿＿年＿＿＿月＿＿＿日

### ❷ 小组评价(表14-4)

小组评价表　　　　　表14-4

| 序号 | 评 价 项 目 | 评 价 情 况 |
|---|---|---|
| 1 | 着装是否符合要求 | |
| 2 | 是否能合理规范地使用仪器和设备 | |
| 3 | 是否按照安全和规范的流程操作 | |
| 4 | 是否遵守学习、实训场地的规章制度 | |
| 5 | 是否能保持学习、实训场地整洁 | |
| 6 | 团结协作情况 | |

参与评价的同学签名：＿＿＿＿＿＿＿＿＿＿＿　　＿＿＿年＿＿＿月＿＿＿日

### ❸ 教师评价

教师签名：＿＿＿＿＿＿＿＿＿＿　　＿＿＿年＿＿＿月＿＿＿日

## 五 技能考核标准

根据学生完成实训任务的情况对学习效果进行评价。技能考核标准见表14-5。

## 项目五 汽车环保性能检测设备的使用与维护

技能考核标准表　　　　　　　　　　表 14-5

| 序号 | 项目 | 操作内容 | 规定分 | 评分标准 | 得分 |
|---|---|---|---|---|---|
| 1 | 课前准备 | 个人工作服着装清洁整齐 | 5 分 | 个人劳动保护有效得 5 分,否则扣 1~5 分 | |
| | | 课前分组集队整齐迅速 | 5 分 | 课前分组集队整齐迅速得 5 分,否则扣 1~5 分 | |
| 2 | 汽车噪声的检测 | 检测车辆准备 | 5 分 | 检测车辆准备充分得 5 分,否则扣 1~5 分 | |
| | | 声级计准备 | 5 分 | 声级计准备充分得 5 分,否则扣 1~5 分 | |
| | | 车外噪声的检测 | 25 分 | 车外噪声的检测流程规范得 25 分,否则扣 1~25 分 | |
| | | 车轮噪声的检测 | 25 分 | 车轮噪声的检测流程规范得 25 分,否则扣 1~25 分 | |
| | | 喇叭声级噪声检测 | 25 分 | 喇叭声级噪声检测流程规范得 25 分,否则扣 1~25 分 | |
| 3 | 现场管理 | 整个操作过程现场布局、清理、清扫整理 | 5 分 | 现场管理整洁有序得 5 分,否则扣 1~5 分 | |
| | 总　分 | | 100 分 | 得　分 | |

# 参考文献

[1] 刘仲国.汽车维修高级工培训教材[M].北京:机械工业出版社,2002.
[2] 杨益明.汽车检测设备与维修[M].北京:人民交通出版社,2005.
[3] 王尚军.汽车常用检测设备的使用[M].北京:机械工业出版社,2009.
[4] 万军海.汽车使用性能与检测[M].北京:中国劳动社会保障出版社,2008.
[5] 程晟.汽车检测设备作用与维护[M].北京:人民交通出版社,2005.
[6] 邹小明.汽车检测诊断技术[M].北京:人民交通出版社,2006.
[7] 公安部交通管理科学研究所,公安部道路交通管理标准化技术委员会.国家标准 GB 7258—2012《机动车运行安全技术条件》实施指南[M].北京:中国质检出版社,中国标准出版社,2012.
[8] 王治平.汽车检测技术与设备[M].北京:人民邮电出版社,2013.
[9] 仇雅莉.汽车整车性能与检测[M].北京:机械工业出版社,2010.
[10] 梁林.汽车综合性能检测[M].北京:中国劳动社会保障出版社,2010.
[11] 曹家喆.汽车性能检测技术[M].北京:机械工业出版社,2009.